AI와 외국어 교사

AI문고

인공지능 시대입니다. 기계가 인간의 인지를 대신하고, 사물이 인간을 통하지 않고 다른 사물과 직접 커뮤니케이션합니다. 이에 따른 인간 삶과 문명 변화를 정확히 이해 · 예측 · 대응하는 것은 이 시대 우리 모두의 과제입니다. AI문고는 인공지능 기술과 환경의 여러 주제를 10가지 키워드로 정리합니다. 관련 개념과 이론, 학계와 산업계의 쟁점, 우리 일상의 변화를 다룹니다. 인간과 기술의 현재, 미래를 세심히 분석합니다.

일러두기

- 인명, 작품명, 저서명, 개념어 등은 한글과 함께 괄호 안에 해당 국가의 원어를 병기했습니다.
- 외래어 표기는 현행 어문규정의 외래어표기법을 따랐습니다.
- 일부 내용은 저자의 논문 "뉴노멀 시대 예비 한국어교원의 원격협동능력 연구", "한국어 교사 전문성 요인 설정 연구: 수행 기준 기반의 인식 조사를 중심으로"의 내용을 이 책의 주제에 맞춰 대폭 수정·보완한 것임을 밝힙니다.

처음이세요?

전문가세요?

AI와 외국어 교사

유인박

대한민국, 서울, 커뮤니케이션북스, 2025

AI와 외국어 교사

지은이 유인박
펴낸이 박영률

초판 1쇄 펴낸날 2025년 4월 2일

커뮤니케이션북스(주)
출판 등록 2007년 8월 17일 제313-2007-000166호
02880 서울시 성북구 성북로 5-11
전화(02) 7474 001, 팩스(02) 736 5047
commbooks@commbooks.com
www.commbooks.com

ISBN 979-11-7307-748-7 03500

책값은 뒤표지에 표시되어 있습니다.

차례

AI 시대, 변혁하는 외국어 교육 연구 생태계

AI 도구의 활용은 외국어 교수 · 학습을 더 쉽게 만들어 내는가? 아니면 더 어렵게 만들어 내는가? 교육적 맥락에서 AI 활용의 효용성과 영향력은 예측하기가 어렵다(DGEAC, 2022). 교육 현장의 주체, 외국어 교육이 이루어지는 상황 맥락, 사용된 AI 도구의 기능, 교육학적 과제의 유형, 외국어 교사의 교육학적 수행 등 다양한 변인에 따라 그 답이 달라질 수 있다. 그러나 분명한 사실은 AI 도구의 활용이 외국어 교사의 역할을 더 새롭게 정의하고 있으며, 외국어 교육 연구의 생태계를 변혁하고 있는 점이다.

지난 30년간의 연구 결과를 살펴보면, 외국어 교육 맥락에서 최첨단 AI의 활용은 주로 다음과 같은 기능에 기반을 두고 있다. '자연어 처리(Natural Language Processing)', '머신 러닝(Machine Learning)', '딥 러닝 및 대규모 언어 모델(Deep Learning and Large Language Models)', '지식 그래프(Knowledge Graphs)', '컴퓨터 비전(Computer Vision)', '자동 음성 인식(Automatic

Speech Recognition)' 등이다. 이러한 기술은 주로 '지능형 튜터링 시스템(Intelligent Tutoring Systems)', '진단 및 평가(Assessment and Evaluation)', '자체 적응 시스템 및 개인화(Adaptive Systems and Personalization)', 자동 질문 답변, '챗봇(Chatbots)', 기계 번역, 말뭉치 구축 및 분석 등 다양한 교육, 연구 맥락에서 활용되고 있다(Liang et al., 2021; 郑春萍 等, 2024).

최근 외국어 교육에서 AI의 역할은 세부 분야까지 확장되고 있다. '진단 및 평가'의 세부 분야인 자동 채점 및 학생 이해도 평가, 참여 및 학업 성실성, 적응형 수업 내용 제공 및 교육, 개별 학습자의 수요에 따른 지식 표현 또는 사용자 인터페이스 조정, 협동학습, 피드백, 수업 평가 촉진 및 개인화된 콘텐츠 추천 등도 AI의 최신 활용 영역으로 주목받고 있다. 또 외국어 교육에서 AI 도구 활용의 학습자 변인을 보면, 초등 · 중등 교육보다 학습자의 인지 능력이 상대적인 높은 고등 교육 단계에서 많이 연구되며 보도되어 왔다. 네 가지 언어 기술 교육 중에서는 듣기와 말하기보다 읽기, 쓰기 교육에서 AI 도구의 활용이 빈번하게 나타났다(Liang et al., 2021). AI가 외국어 교육에 가져올 유효성은 다음 네 가지로 요약할 수 있다. 첫째, AI는 외국어 학습자의 언어적 지식의 획득과 네 가지 언어 기능의 습득을 촉진하는 데 효용적이다. 둘째, AI는 외국어 학습자의 학습 태도, 자기 효능감, 인지 부하량, 학습 능동성, 의사소통 의지 등을 분석하는 데 유용하다. 셋째, AI는 외국어 학습자의 언어 전략 발전을 효과적으로 지원할 수 있다. 넷째, AI는 외국어 학습자의 핵심 역량을 형성하는 데 도움이 된다(郑春萍 等, 2024). 한국어 교육 연구 분야에서도 AI 활용이 활발하게 이루어지고 있다. 특히, '생성형 AI를 활용한 한국어 교육', '생성형 AI를 활용한 한국어 자동 평가', '생성형 AI와 한국어 학습자의 상호작용 및 학습자의 불안' 등이 주요 연구 주제로 부상하고 있다(이남호, 2024).

고수와 변혁의 균형

AI 도구는 외국어 교육 현장에서 널리 활용되었음에도 다음 세 가지 측면에서 외국어 교사들의 우려를 불러일으키고 있다(Pack & Maloney, 2023). 첫째, AI가 생성한 작업은 독창적이지 않아 표절과 동일하다고 볼 수 있다. 생성된 텍스트가 AI 모델이 훈련된 다른 출처의 기존 텍스트 데이터셋을 기반으로 하며 사용자에게 알려지지 않기 때문이다. 둘째, AI 모델은 제한된 데이터 소스에서 훈련되고 해당 소스에 존재하는 오류까지 복제할 수 있으므로 편향되기 쉽다. AI 활용의 편향 및 차별 문제는 고용, 의료, 형사 사법, 교육을 포함한 다양한 분야에서 제기되어 왔다. 교육 분야에서 AI를 사용하면 체계적 편견 및 불평등한 접근과 같은 다양한 형태의 악영향이 있는 것으로 인식되고 있다(Akgun & Greenhow, 2022). 셋째, 제한된 정보로 판단을 내리고 기준(예: 평가 항목)을 평가하고 반영하는 AI 도구의 능력은 경험이 풍부한 외국어 교사의 능력보다 훨씬 떨어질 수 있다(Pack & Maloney, 2023). 전반적으로 언어 교육 분야에서 AI의 역할은 유망해 보이지만 아직 다양한 측면에서 제한된 능력만 발휘하고 있고 발전의 초기 단계에 위치하고 있다(Liang et al., 2021). AI 시대에는 AI 도구가 외국어 교사의 일부 역할을 대체할 수 있으나 AI 도구를 잘 이해하고 원활하게 활용할 수 있는 외국어 교사를 대체할 수는 없다. 이는 외국어 교사에게 다음과 같은 몇 가지를 요구할 것이다.

첫째, AI 시대의 외국어 교사는 '고수'와 '변혁' 간의 균형을 잡을 줄 알아야 한다. 균형을 잡는 기준은 외국어 교육의 최종 지향과 목표에 근거해야 할 것이다. '새로운 AI 프로그램이나 기기 그 자체에 매료되기보다는 교수·학습을 중심에 두고 그것의 개선에 초점을 맞춰 기술을 신중하게 사용한다. 또 기술 사용을 염두에 둔다고 해서 오랫동안 교실 수업을 통해 습득한 최상의 교수 방법을 포기하는 것은 아니다'(Hargreaves & Shirley, 2012/2018). 따라서 AI 시대 외국어 교사가 도달해야 할 교육 목표에 맞춰 자신의 수업에서 무엇을 고수해야 할 것인가, 무엇을 AI를 통해 혁신해야 할 것인가를 숙고하며 의사 결정해야 한다. 한편, 'AI 도구를 기반으로 한 외국어 교육 활동'과 '외국어 교육을 위한 AI 도구 교육 활동'의 성격 차이도 염두에 두고 구별하면서 교육 활동을 설계해야 할 것이다. 전자는 '외국어 교육 활동'에 초점을 두는 반면, 후자는 일반 AI 교양 수업에서 다룰 내용에 적용된다. 외국어 교사가 교육 목표를 고려하지 않고 AI 활용을 위하여 억지로 AI를 사용하는 현상, 그리고 AI 도구에 과도하게 의존하여 AI 도구의 상호작용 패턴을 비판하지 않고 교육 현장에 적용하는 현상은 매우 위험한 일일 것이다. 모든 교육적 활동은 교육 목표를 지향해야 하며, AI 도구의 활용은 그 자체로 외국어 교육 현장의 교육 목표가 될 수 없다. 아울러 고수, 개선과 변혁은 상호배타적인 관계가 아니며 필연적인 선후관계를 요하지도 않는다. 외국어 교사의 역할, 교육 맥락, 교육 목표, 교육 도구로서의 AI 간의 유기적 융합을 추구함으로써 외국어 교육에서의 고수와 변혁 간의 균형이 실현될 수 있다. 한편, 외국어 교육 현장에서 AI 도구의 효용성이 그리 높지 않은 교육 맥락이 무엇인지, AI 도구의 활용으로 인해 외국어 수업이 산만해질 수 있는 요인이 무엇인지를 밝힐 필요도 있다. 작가 윌리엄 파워스(William Powers)는 『속도에서 깊이로(Hamlet's Blackberry)』라는 책에서 '월든 존(Walden Zone)'이라는 개념을 제시한 바 있다. 헨리 소로(Henry Thoreau)가 군중으로부터 벗어나 월든(Walden) 호수로 떠나가 평온을 누린 것처럼, 우리는 이제 어떠한 AI 도구도 허용되지 않는 외국어 교육 공간을 마련하여 깊이 있게 사색과 학습이 가능한 시공간을 조성할 필요성도 논의해야 할 것이다.

둘째, AI 시대의 외국어 교사는 '기술 기반의 언어 학습(Technology-Based Language Learning)'과 '기술 지원 언어 학습(Technology-Assisted Language Learning)'의 차원에 머물러 있는 것보다 '기술로 강화한 언어 학습(Technology Enhanced Language Learning, TELL)'을 추구하면서 AI 도구의 효용성을 최대화하도록 AI 도구를 인식하며 활용해야 한다. 더불어 AI 도구를 비롯한 기술의 한계점을 인식하면서 외국어 교사로서의 역할을 강화해야 한다. AI가 유행하기 전에 외국어 교육에서 '컴퓨터 지원 언어 학습(Computer-Assisted Language Learning, CALL)'이나 '모바일 지원 언어 학습(Mobile-Assisted Language Learning, MALL)'도 많이 사용되며 연구되어 왔다. 이처럼 '지능형 컴퓨터 지원 언어 학습(Intelligent Computer-Assisted Language Learning, I-CALL)'의 유행은 기존의 'CALL'과 'MALL'을 보완하면서도 발전하고 있다. 그럼에도 기술이 외국어 교육 현장에서 일하고 있는 외국어 교사를 대체하지 않고 대체하지도 못한다. 왜냐하면 감성 지능, 교육 철학, 교육학적 가치 지향, 전인 교육 등 다양한 외국어 교육의 '맥락 수행(Contextual Performance)'과 관련된 요인들은 인공지능이 아닌 외국어 교사라는 인간의 지능을 요구하기 때문이다. 따라서 AI를 어떻게 사용하면 언어 학습의 효용성을 강화할 수 있을지, 즉, 어떤 맥락, 어떤 요인에서 '기술로 강화한 언어 학습'이 효과를 얻을 수 있을지에 대한 외국어 교사의 주목과 탐색은 더욱 필요하겠다.

셋째, AI는 지식에 대한 '확률 기반(Probability-Based)' 접근으로 기존의 데이터를 모방하고 '과거 지향적(Backward- Looking)'인 반면, 인간의 인지는 '미래 지향적(Forward-Looking)'이며 '이론 기반으로 한 인과적 논리(Theory-Based Causal Logic)'를 추리하므로 진정한 혁신을 창출할 수 있다(Felin & Holweg, 2024). 외국어 교육 연구 분야 지식 창출의 과정에서 물론 AI 도구의 도움을 받을 수 있으나 새로운 지식 창출은 외국어 교사가 이론을 기반으로 한 인과적 추리로 실현 가능할 것이다. 또 다양하고 복잡한 외국어 교육 현장에서의 이루어지는 외국어 교사의 무수한 의사 결정도 AI에 완전히 의지할 수 없다. 교육적 촉진자로서 AI의 실증적 근거는 학습자의 정의적, 심리적 상태보다는 인지적 관점에만 초점을 두고 있었다(Liang et al., 2021). 이에 향후 외국어 교육 연구의 초점은 외국어 교육 내용학과 교수법에서 점차 학습자의 '고차원적 사고(Higher-Order Thinking Skills)', '확장 인지(Extended Cognition)', '분산 인지(Distributed Cognition)'와 같은 인지적 요인, 효능감, 내적 동기, 능동성, 주체성과 같은 비인지적이고 정의적 요인, 외국어 교육이 이루어지는 사회문화적 맥락 등에 대한 연구로 초점을 이행할 것으로 전망할 수 있다. 더불어 외국어 교사 자신의 경험에 대한 성찰, 경험적 지식에 대한 인식론 순환, 경험과 이론을 기반한 새로운 지식의 창출, 인공지능과 함께 일할 수 있는 '공동지능(Co-Intelligence)'의 형성에 더욱 주목할 필요가 있다.

이 책의 구성 및 목표 독자

이 책의 주요 내용을 AI 시대 외국어 교사 전문성에 따라 크게 네 개 주요 논제로 분류하여 설명하면 다음과 같다.

AI 시대 외국어 교사들에게 요구된 전문성에 대한 인식론이다. AI로 외국어 교육 연구 생태계가 변화하는 상황에서 이러한 시대적 변혁에 대응하기 위해 외국어 교사에게 어떤 역량, 리터러시가 필요할 것인지를 밝혔다. 구체적으로 제1장에서 인간과 AI의 상호작용에 주목하여 인간-AI 상호작용 협상 능력의 기초적 개념을 소개하였다. 제2장에서 원격 학습이라는 맥락에 필요한 외국어 교사의 원격 협동 능력의 개념을 다루었다. 제3장에서 AI 시대 외국어 교사의 감성 지능의 중요성을 논의하고 감성 지능의 개념, 측정 방법을 설명하였다. 제4장에서 외국어 교사의 연구자 역할에 주목하며 AI 시대 외국어 교사의 교육 기반 연구 리터러시의 개념을 소개하였다.

AI 시대에 외국어 교사의 전문성을 어떻게 발전시키는지에 대한 방법론이다. 즉, 외국어 교사 교육이 어떻게 이루어지고 있는지, 외국어 교사 학습이 어떤 학습 모델로 발전할 것인지를 다루었다. 제5장에서 외국어 교사 교육 관련 유사한 개념을 구별해 보고 교사 교육에 대한 인식론의 변화를 정리하였다. 더불어 AI 시대 외국어 교사 학습에 관한 세 가지 모델을 검토하였다.

AI 시대에는 외국어 교사의 전문성을 학리적으로 어떻게 표상하고 있는지, 정책적으로 어떻게 규정하고 있는지를 다루는 실천론이다. 비교교육학의 관점에서 미국(제6장), 유럽(제7장), 중국(제8장), 일본(제9장) 등 주요 국가 및 지역의 외국어 교사 전문성과 관련한 최신의 교사 정책을 살펴보고 주요 특징을 논의해 보았다.

한국의 자국어 교육, 즉, 한국어 교육의 관점에 입각하여 AI 시대 한국어 교사의 전문성 개발 방안을 제안해 보았다. 이를 위하여 제10장에서는 AI 시대 한국어 교사의 전문성 요인 구조를 설명하고 수행 기준 기반의 한국어 교사 전문성 개발을 논의하였다.

이러한 내용은 외국어 교사 교육, 교사 전문성 개발 관련된 전공 지식이 없는 일반 사람도 이해할 수 있도록 상대적으로 쉬운 예시를 제시하면서 설명하였다. 또 'AI와 외국어 교사'라는 주제로는 다양한 초점에 맞춰 내용을 조직할 수 있는데 이 책은 '인공지능총서'의 다른 책의 내용을 겹치지 않도록 '외국어 교사 전문성'에 중점을 두고 열 개 하위 주제를 선정하였다. 아울러 이 책을 저술하면서 외국어 교사 교육학, 교육학, 교육공학 등 최근 국제 학술 논문을 참고하였으므로 현직 외국어 교사, 예비 외국어 교사, 교사 교육자, 교사 정책 전문가에게도 유용한 내용이라 할 수 있다.

이 책은 전공 수준의 학술 서적이 아닌 교양 서적이기에, 내용을 기술하거나 조직할 때 일반 독자의 수준에 맞춰 전문적 학술 용어가 아닌 상대적으로 일상적이고 일반적인 용어를 활용하였다. 예컨대, '제2언어'와 '외국어'를 엄격히 구분하지 않고 일괄적으로 더 일반적인 '외국어'라는 용어로 작성하고 있다. 또 이 책의 일부 내용은 졸고 "뉴노멀 시대 예비 한국어교원의 원격협동능력 연구", 박사학위 논문인 "한국어 교사 전문성 요인 설정 연구: 수행 기준 기반의 인식 조사를 중심으로"에서 다룬 국외 사례나 측정 도구 내용을 이 총서의 취지와 이 책의 성격에 맞게 대폭 수정 · 보완하되 필자의 능력이 되는 한 쉽게 풀어서 기술한 것이다.

참고문헌

이남호(2024). 생성형 AI를 활용한 한국어 교육 연구의 동향 분석: 토픽 모델링과 키워드 네트워크 분석을 중심으로. ≪한국언어문화학≫, 159-182쪽.

임형재 외(2023). 『한국어 통번역사를 위한 AI 번역의 이해』. 소통.

임형재·리번켈빈(2024). 한국어 교육에서 AI 번역의 활용 방안 연구: 프롬프트 설계의 유효성과 PE 활동을 중심으로. ≪문화교류와 다문화교육≫, 351-372쪽.
임형재·리번켈빈(2024). 한국어 번역 교육을 위한 인공지능 기반 평가모델 연구: 다중 자동평가지표 활용을 중심으로. ≪한국언어문화학≫, 183-209쪽.
郑春萍·于淼·郭智妍(2024). 人工智能在语言教学中的应用研究: 回顾与展望. 外语教学, 45(1), 59~68.
Akgun, S., & Greenhow, C.(2022). Artificial Intelligence in Education: Addressing Ethical Challenges in K-12 Settings. *AI and Ethics*, 2, 431~440.
Felin, T., & Holweg, M.(2024). Theory is all you need: AI, human cognition, and causal reasoning. *Strategy Science, 9*(4), 346~371.
Hargreaves, A., & Shirley, D.(2009). *The Fourth Way: The Inspiring Future for Educational Change*. Corwin Publishers. 이찬승·홍완기 옮김(2015). 『학교교육 제4의 길 1: 학교교육 변화의 역사와 미래방향』. 21세기교육연구소.
Hargreaves, A., & Shirley, D.(2012). *The Global Fourth Way: The Quest for Educational Excellence*. Corwin Publishers. 이찬승·홍완기 옮김(2018). 『학교교육 제4의 길 2: 학교교육 변화의 글로벌 성공사례』. 21세기교육연구소.
DGEAC(Directorate-General for Education, Youth, Sport and Culture)(2022). *Ethical guidelines on the use of artificial intelligence(AI) and data in teaching and learning for educators*. Publications Office of the European Union.
Liang, J., et al.(2021). Roles and research foci of artificial intelligence in language education: An integrated bibliographic analysis and systematic review approach. *Interactive Learning Environments*.
Pack, A., & Maloney, J.(2023). Potential Affordances of

Generative AI in Language Education: Demonstrations and an Evaluative Framework. *Teaching English with Technology, 23*(2), 4~24.

01
외국어 교사의 인간-AI 상호작용 협상 능력

의사소통은 외국어 교육과 습득의 도구이자 목적이다. AI 시대에는 외국어 교육에서 의사소통 상호작용의 양상이 어떻게 보이는가를 이해하기 위하여 '외국어 교육에서의 상호작용 프레임워크'와 '인간-AI 상호작용 협상 능력'의 개념을 소개하였다.

AI와 1인 창업?

외국어 교육에서의 상호작용 프레임워크

외국어 교육 현장에서 일어나는 상호작용은 상호작용의 주체와 객체를 기준으로 크게 세 가지로 유형화할 수 있다. 첫째, 외국어 교사와 외국어 학습자들 간의 언어적 행위, 비언어적 행위로 이루어지는 상호작용이다(유인박 외, 2023). 외국어 교육 맥락에서 외국어 교사의 언어적 행위를 분석할 때는, 주로 이중 언어 발화 양상(코드 스위칭, 트랜스랭귀징 등)에 집중적으로 관심을 기울인다. 둘째, 수업 시간과 교육 자료 등 '교실 자원(Classroom Resources)'에 대한 조직 및 사용이다. 즉, 외국어 교사가 각 교육적 활동을 수행하는 데 수업 시간을 어떻게 할애하는지, 교재 등 교육 자료를 활용할 때는 어느 정도 의존하는지를 통해 교육적 시간과 교육적 자원의 소비 양상을 반영한다. 셋째, 교육 내용을 중심으로 이루어진 교육학적 활동이다. 예컨대, 외국어 교사와 학습자들 간의 의미 협상, 교육 내용을 설명하거나 학습자의 비판적 사고를 촉진할 때 교사의 다양한 발화 전략 등이 있다. 또 교육학적 활동을 설계할 때, 학습자들에게 어느 정도의 '지적 도전(Intellectual Challenge)'을 제공하고 있는지, 학습자들에게 내용을 설명할 때, 교사의 '교육적 설명의 개념적 풍부도(Conceptual Richness of Instructional

Explanations)'가 어느 정도 되어 있는지를 관찰함으로써 교육 현장 상호작용의 수준을 짐작할 수 있다. 이러한 전략은 학습자에게 교육 내용을 효과적으로 내재화할 수 있도록 교사가 어떤 형식의 '스캐폴딩(Scaffolding)' 역할을 하는 것으로 이해될 수 있다.

2000년대 다수의 연구는 '학습자의 표준화 시험(SAT 등) 점수', '교사 자격 인증 기관의 명성', '교사의 석사 이상 학위 보유 여부' 등 교사 자질 측정 지표가 학습자의 학업 성취와 전혀 관련성이 없다는 결과를 꾸준히 보고해왔다. 따라서 교육 현장에서 교사의 수행이 주목을 받게 되었다. 교사의 실제적인 교육적 수행이 학습자의 학업 성취와 어떤 상관관계를 가지고 있는지를 규명한 연구들도 미국에서 시작되었다(유인박, 2024). 이러한 추세에서 영어 교육 분야에서 '언어 교육 관찰 프로토콜(Protocol for Language Arts Teaching Observations, PLATO)'과 같은 '언어 교육에서의 상호작용 프레임워크(Framework for Instructional Interactions in English/Language Arts)'가 개발되었다. PLATO는 두 가지 역할 혹은 지향성을 가지고 있다. 먼저, 언어 교육 연구, 혹은 교사 교육 연구의 측면에서, PLATO는 언어 교육 현장의 특징을 포착하기 위하여 설계된 교실 관찰 도구로서 언어 교사의 교육적 수행과 학습자의 학업 성취 간의 관련성을 연구하는 데 많이 사용되고 있다. PLATO를 활용함으로써 교사의 교육적 수행의 특징과 양상을 밝힐 수 있고 교사 교육의 효용성을 높이는 데 도움을 받을 수 있다. 다른 한편, 언어 교사 전문성 개발의 측면에서, PLATO는 실천 기반의 행동 연구를 수행함으로써 효과적인 교육적 수행을 규명해 준다. 교사의 전문성 발전 단계에 따라 개인적 대면 지도, 온라인 코칭, 비디오 작업 등 다양한 방식을 통해 교사의 전문성 개발과 평생 학습을 조력한다.

최신 버전인 PLATO5.0의 구체적 내용은 다음과 같다.

"① 명확한 목표
② 지적 도전과 과제의 설정 및 유지
③ 내용에 대한 설명
④ 선행 학습 지식과 연결
⑤ 개인적, 문화적 경험에 연결
⑥ 모델링 및 모범적 과제 제시
⑦ 전략 교수 제공
⑧ 피드백 제공
⑨ 교실 내 토론 촉진

⑩ 텍스트 기반의 수업 참여

⑪ 언어 학습을 위한 편의 제공

⑫ 행동 관리

⑬ 교육 시간 관리"

— 그로스만(Grossman, 2018)에서 발췌

이러한 13개 요인은 크게 네 가지 영역으로 귀납할 수 있다. 첫째, ⑥ '모델링 및 모범적 과제 제시', ⑦ '전략 교수 제공', ⑧ '피드백 제공', ⑪ '언어 학습을 위한 편의 제공'은 외국어 교실에서 교사가 제공할 수 있는 '교육적 스캐폴딩(Instructional Scaffolding)'으로 이해할 수 있다. 둘째, ② '지적 도전과 과제의 설정 및 유지', ⑨ '교실 내 토론 촉진', ⑩ '텍스트 기반의 수업 참여'는 외국어라는 '교과의 특정적 수요(Disciplinary Demand)'에 반영하는 요인이라 할 수 있다. 셋째, ① '명확한 목표', ③ '내용에 대한 설명', ④ '선행 학습 지식과 연결', ⑤ '개인적, 문화적 경험에 연결'은 '교육 내용의 사용과 표현(Representations and Use of Content)' 영역에 속한다. 넷째, ⑫ '행동 관리'와 ⑬ '교육 시간 관리'는 외국어 교사의 '교실 환경(Classroom Environment)'에 대한 통제와 관리로 이해할 수 있다. 이러한 외국어 교육 맥락 상호작용 프레임워크는 외국어 교육 현장에서 일어나는 상호작용을 연구하는 데 지침을 제공해 준다.

PLATO5.0 도구는 스탠퍼드대학교(Stanford University), 뉴욕대학교(New York University), 펜실베이니아대학교(University of Pennsylvania), 버지니아대학교(University of Virginia), 미시간대학교(University of Michigan) 등의 미국 명문대에서 교사 양성을 하며 예비 교사의 교육적 수행을 훈련하는 데 널리 적용되고 있다.

인간-AI 상호작용 협상 능력

AI를 활용하게 되면서 외국어 교육 현장에서 상호작용의 양상도 변화하게 될 것이다. 교사와 학습자 간의 상호작용뿐만 아니라 인간과 AI 간의 상호작용이 어떤 모습을 보이는지, 그리고 외국어 교사들은 학습자가 AI와의 효과적인 상호작용을 어떻게 이해하고 있는지, 어떻게 모니터링해야 되는지에 관한 논의도 시작되었다. 외국어 교사는 챗지피티(ChatGPT)를 비롯한 AI 도구를 감독이 필요 없는 자동적 조종 장치로 인식해서는 안 되고 교육 목표에 적합하도록 AI 도구의 활용을 면밀히 검토하고 모니터링해야 할 것이다(Pack & Maloney, 2023). 인간과 AI 간 의사소통 상호작용의 양상은 사람들 간의 의사소통 상호작용의 양상과 다르기 때문이다. 사람들 간의 의사소통 상호작용의 기본적인 전제는 모든 사람이 평등한 지위를 가진 능동적인 주체라는 점이다. 반면에 인간이 AI와 의사소통할 때는 지위적 주체성 측면과 능동성 측면에서 비대칭적 관계를 보인다. 즉, AI와 의사소통할 때마다 인간은 항상 주도적이고 능동적인 모습을 보이고 인간과 AI가 '주-종'의 관계를 나타낸다.

이러한 '주-종' 관계를 형성하는 이유는 다음과 같은 세 가지로 역설되고 있다. 첫째, 현시점에는 AI가 상황 맥락과 인간의 의도를 이해하는 데 한계점을 가진다. 둘째, AI가 인간의 복잡한 감정과 의식 상태를 효과적이고 정확하게 포착하여 대처하지 못한다. 셋째, AI가 대량의 데이터와 반복적 훈련에 의해 작동할 수 있기 때문에 인간처럼 동태적 학습과 전략 조정을 실현하기 어렵다(文秋芳 等, 2024). 문추방(文秋芳) 외의 연구(2024)에서 외국어 교육 맥락에서의 AI 활용에 주목하여 '인간-AI 상호작용 협상 능력(Human-AI Interactive Negotiation Competence, HAINC)'을 제안하였다. 소위 HAINC란 일종의 '복합적 개념(Compound Concept)'으로 인간이 AI와 효용적이고 윤리적으로 의사소통하기 위하여 갖춰야 하는 능력이다. 이는 AI의 기능과 한계를 이해하는 능력, AI에 적합한 요구를 제시하는 능력, AI가 주는 피드백에 따라 자신의 의사소통 전략을 적절히 조정하는 능력 등을 내포한다.

HAINC는 구체적으로 다섯 가지 요인으로 세분화할 수 있다. 첫째, AI의 기능과 한계점에 대해 깊이 이해해야 할 것이다. 대규모 언어 모델의 자연어 이해 능력은 아직 인간의 지적 이해 수준에 미치지 못하기 때문에 인간은 AI의 한계점을 감수해야 한다. 따라서 인간이 AI와 의사소통할 때 AI가 이해할 수 있도록 가급적 구체적이고 명확한 상황 맥락 정보와 요구 사항을 명시화해야 할 것이다.

둘째, 인간은 AI가 주어진 과제를 수행하는 데 어떤 수준, 어떤 목표에 도달해야 하는지를 미리 설정할 필요가 있다. 문추방 외(2024)에 의하면, 목표를 설정할 때, 다음 세 가지 원칙을 지켜야 한다. 먼저, AI의 기능을 초과하지 않고 실행 가능성이 높은 과제를 주어야 한다. 그리고 큰 목표를 작은 목표들로 세분화하여 명확하게 제시해야 한다. 마지막으로 윤리적 범위 내에서만 목표와 요구 사항을 제시하는 것이다. 외국어 교육의 맥락에서 외국어 교사는 목표 설정의 실현 가능성, 명확성, 윤리성을 고려해야 할 뿐만 아니라 목표의 교육적 가치 지향성도 함께 짐작해야 한다. 즉, 외국어 교실에서 학습자들이 AI와 의사소통함으로써 어떠한 교육적 목표를 달성할 것인가를, 이러한 교육적 목표에 달성하는 데 AI 활용의 효용성은 어떠한가 등도 검토할 필요가 있다.

셋째, 설정된 목표에 맞게 AI에게 충분하고 적합한 '프롬프트(Prompt)'를 제시해야 할 것이다. 외국어 교육의 맥락에서 제시되는 프롬프트는 보통 의사소통 쌍방의 신분 역할, 대화나 텍스트의 상황 맥락, 대화나 텍스트의 입력 양상, 대화나 텍스트의 출력 양상 등의 정보로 구성된다. 대화형 AI에 적용한 프롬프트 설정의 원칙으로 '명확성', '구체성', '충분한 맥락 제공', '필수 용어의 명확화'로 정리될 수 있으며 프롬프트 설정의 방법으로는 '예시나 시연 포함', '반복적인 수정과 교정' 등으로 요약될 수 있다(Aljanabi et al., 2023; 임형재 · 리번켈빈, 2024). 외국어 교수 · 학습에서 프롬프트의 설정은 원하는 교육학적 목표에 따라 구체화되고 정교화될 수 있다. 예컨대, 구어 대화와 문어 텍스트에 대한 코멘트를 요청할 때, 문체의 특성에 따라 구체적인 요구 사항이 달라질 수 있다.

넷째, AI가 수행한 과제의 결과를 면밀히 검토하고, 비판적 사고력을 가지면서 그 문제점을 찾아내야 할 것이다. AI의 한계점을 인식하면서 출력된 결과에서 언어적 문제가 있는지, 사실적 오류가 있는지, 논리적 결점이 있는지를 비판적으로 고찰해야 한다.

다섯째, AI가 수행한 과제의 결과에서 문제가 발견될 때, 이를 해결할 수 있도록 기존의 프롬프트를 더 수정하고 전략을 조정해야 할 것이다.

이러한 다섯 가지 요인은 고립적인 존재가 아니고 단계적으로 순환적인 구성 형태다. 또 AI와 의사소통하면서 부단히 목표부터 전략까지 조정하고 협상해 나가는 탐색적 과정으로 인식될 수 있다. AI 시대의 외국어 교사들은 외국어 교육의 맥락과 자신의 전문성 개발의 맥락에 맞는 HAINC를 갖춰야 할 뿐만 아니라 외국어 교육 맥락에서 학습자가 HAINC를 갖출 수 있도록 어떻게 지도해야 하는지 그 인식론, 방법론, 경험론, 가치론도 짐작할 필요가 있다. 따라서 외국어 교사 교육자들은 HAINC를 어떻게 외국어 교육 맥락과 교사 전문성 개발 맥락에 맞게 재개념화할 수 있는지 연구할 필요가 있으며, 외국어 교사 양성 과정에서 AI 시대의 외국어 교육 효용성을 최대화하기 위해서 HAINC를 신장할 수 있는 교육 프로그램도 개발할 필요가 있다.

참고문헌

유인박 외(2023). 한국어 교사 관련 연구 동향 분석: 한국 국내 박사학위논문을 중심으로. ≪외국어로서의 한국어교육≫, 115~149쪽.

유인박(2024). 한국어 교사 전문성 요인 설정 연구: 수행 기준 기반의 인식 조사를 중심으로. 연세대학교 일반대학원 국어국문학과 한국어교육전공 박사학위논문.

임형재·리번켈빈(2024). 한국어 교육에서 AI 번역의 활용 방안 연구: 프롬프트 설계의 유효성과 PE 활동을 중심으로. ≪문화교류와 다문화교육≫, 351~372쪽.

文秋芳 等(2024). 人机互动协商能力: ChatGPT与外语教育. 外语教学与研究, 56(2), 286~296.

Aljanabi, M., et al.(2023). Prompt engineering: Guiding the way to effective large language models. *Iraqi Journal for Computer Science and Mathematics, 4*(4), 151~155.

Alston, C., & Brown, M.(2015). Differences in intellectual challenge of writing tasks among higher and lower value-added English language arts teachers. *Teachers College Record: The Voice of Scholarship in Education, 117,* 1~24.

Aashamar, P. N., et al.(2024). Teaching higher-order thinking in social studies: The role of content coverage and intellectual challenge. *Journal of Social Science Education, 23*(1).

Grossman, P. L.(2018). *Teaching Core Practices in Teacher Education.* Cambridge Massachusetts, Harvard Education Press.

Grossman, P. L.(2015). *Protocol for language arts teaching observations (PLATO 5.0).* Stanford University. Graduate

School of Education, Stanford University. https://cset.stanford.edu/research/project/protocol-language-arts-teaching-observations-plato

Grossman, P. L.(2015). *Protocol for language arts teaching observations (PLATO 5.0).* Graduate School of Education, University of Pennsylvania. https://www.gse.upenn.edu/content/protocol-language-arts-teaching-observation-plato

Pack, A., & Maloney, J.(2023). Potential affordances of generative AI in language education: Demonstrations and an evaluative framework. *Teaching English with Technology, 23*(2), 4~24.

Tengberg, M., et al.(2022). Missed opportunities of text-based instruction: What characterizes learning of interpretation if strategies are not taught and students not challenged? *Teaching and Teacher Education, 115*(2022).

02
외국어 교사의 원격 협동 능력

AI 기반의 원격 협동 학습 프로그램을 활용한 원격 협동 학습과 온라인 문화 간 교류를 진행하는 데 외국어 교사의 원격 협동 능력은 외국 언어 문화 교육의 효용성을 좌우할 만큼 매우 중요한 요인이다. '외국어 교육에서의 원격 협동 모델'의 유형부터 알아보고 이러한 모델에 요구되는 '외국어 교사의 원격 협동 능력'을 소개하였다.

AI와 MBTI?

외국어 교육에서 원격 협동 학습 모델

AI 기술의 발전이 외국어 교육의 접근성을 넓히고 있는 가운데 코로나19(COVID-19)라는 촉매로 인해 외국어 교육의 양상도 급격히 변화되었다. 코로나19 이전에는 지리적으로 분리된 특정 섬나라(뉴질랜드, 인도네시아 등)에서 '컴퓨터 지원 언어 학습'이나 '모바일 지원 언어 학습' 등 원격 교육이 이미 상대적으로 발달하였으나 코로나19 이후부터 전 세계적으로 지능형 컴퓨터가 지원하는 '원격 협동(Telecollaboration)'이 상시화되었다. '원격 협동'이란 서로 다른 문화적 · 국가적 배경을 가진 사람들 간의 인터넷 기반 상호문화적 교류이며, 구조화된 활동을 통해 언어적 의사소통 능력과 상호문화적 의사소통 능력을 모두 신장할 수 있도록 설정된 제도적 맥락이다(Byram, 1997; 유인박, 2021).

오다우드(O'Dowd, 2016)에 따르면 외국어 교육에서의 원격 협동 학습은 크게 '이-탠덤(E-Tandem) 모델'과 '문화 간 원격 협동(Intercultural Telecollaboration) 모델' 두 가지로 유형화할 수 있다. '이-탠덤 모델'이란 서로 다른 언어를 구사하는 두 명의 외국어 학습자가 상대방의 언어를 배운다는 목표하에 함께 의사소통하며 이 과정에서 자신의 모국어와 목표어를 각각 50%씩 활용하여 메시지를 주고받는 원격 협동 모델이다. '이-탠덤 모델'을 통해 목표어를 접촉하여 연습할 기회를 제공할 수 있을 뿐만 아니라 진정한 담화 맥락에서의 실제성이 있는 정보를 제공할 수도 있다. 이러한 교류는 학습자의 자율성과 상호주의를 원칙으로 하며 성공적인 교류를 위해 학습자들이 서로의 외국어 오류를 식별하여 이에 대한 피드백을 제공하기도 한다. '문화 간 원격 협동 모델'이란 온라인 상호작용을 외국어 학습자의 교육 프로그램에 보다 포괄적으로 통합하기 위하여 협력 기관의 파트너 교사가 프로젝트와 활동을 개발하여 국제적인 학급 간의 파트너십을 촉진하는 원격 협동 모델이다. 이는 외국어 능력 외에 문화적 인식과 문화 간 의사소통 능력을 신장하는 데도 도움이 된다. 또 '문화 간 원격 협동 모델'에서 두 문화를 비교하는 공동 연구 프로젝트와 '병렬 문화 텍스트(Parallel Cultural Texts)' 분석 등의 교육적 과제도 조직할 수 있다.

이 두 모델에서 외국어 교사의 역할을 비교해 보자면, '이-탠덤 모델'은 외국어 학습자의 자율성과 능동성에 의존하기 때문에 외국어 교사의 역할은 최소화되는 반면에 '문화 간 원격 협동 모델'은 체계적인 교실 내의 활동과 프로그램을 영위할 수 있도록 외국어 교사의 조력자,

촉진자, 조직자의 역할이 상대적으로 강조된다.

외국어 교사의 원격 협동 능력

소위 '외국어 교사의 원격 협동 능력(Competences of the Telecollaborative Foreign Language Teacher)'이란 외국어 교육 맥락에서 이루어진 '문화 간 원격 협동 모델'을 효과적으로 작동하기 위하여 외국어 교사들에게 요구되는 일련의 구조화된 태도, 신념, 지식, 기술 등이다(유인박, 2021). 오다우드는 구미권 100명의 전문가 패널을 섭외하여 기존 선행 연구를 바탕으로 외국어 교사의 원격 협동 능력을 네 가지 하위 능력으로 제시하였다. 구체적으로 '원격 협동 조직 능력(Organisational Competences of the Telecollaborative Teacher)', '원격 협동 교육 능력(Pedagogical Competences of the Telecollaborative Teacher)', '원격 협동 ICT/디지털 능력(ICT/Digital Competences of the Telecollaborative Teacher)', '원격 협동에 대한 태도 및 신념(Attitudes and Beliefs of the Telecollaborative Teacher)'으로 세분화된다.

'외국어 교사의 원격 협동 능력'의 각각 하위 능력을 이해할 수 있도록 총 40개의 조작적 정의로 구체화하였다. 이러한 40개 조작적 정의는 실제로 교사 교육, 교사 평가에 적용할 수 있는 수행 표현으로 이해할 수도 있다. 유인박(2021)에서는 한국어 교육의 맥락에 맞춰 한국어 교사 원격 협동 능력 측정 도구를 수정하고 번역한 바 있다. 하위 능력별 다섯 개씩 추려서 다음과 같이 제시해 본다.

원격 협동 조직 능력에 대한 문항:

"① 나는 온라인 네트워크와 학문적 네트워크를 활용하여 멀리 있는 국내외 파트너 한국어 교사를 찾을 수 있다.

② 나는 온라인 문화 간 교류와 관련된 계획 및 기대 효과를 가능한 한 명확하게 설정하고 파트너 한국어 교사에게 설명할 수 있다.

③ 나는 학습자들의 흥미, 한국어 숙달도, 디지털 리터러시 수준을 반영하도록 한국어 교육 목표, 최소 참여 요건, 언어 사용 등 온라인 문화 간 교류의 구조를 설계할 수 있다.

④ 나는 제도적 맥락(학사 일정, 공휴일 등)과 참여자의 수요와 흥미를 모두 고려하면서 온라인 문화 간 교류의 구조와 조직 기술을 파트너 한국어 교사와 함께 효과적

으로 협상할 수 있다.

⑤ 나는 다양한 전략을 활용하여 다른 교육기관의 한국어 학습자를 매칭하고 효과적인 파트너십을 구축하고 온라인 문화 간 교류 그룹을 만들 수 있다.(후략)"

원격 협동 교육 능력에 대한 문항:

"① 나는 특정 온라인 수업 과제가 교육과정의 목표를 최소한 얼마쯤 달성하는지 판별할 수 있다.

② 나는 학습자들이 후속 교실 토론에서 문화적으로 우발적인 상호작용 패턴을 파악하고 성찰하도록 지원할 수 있다.

③ 나는 파트너 교실의 문화와 언어에 대한 사전 지식을 적용하여 문화적, 언어적으로 풍부한 문화 간 교류 과제를 구성할 수 있다.

④ 나는 한국어 학습자들에게 매력적이고 관련성이 있는 문화적, 언어적으로 풍부한 상호작용을 개발하는 데 도움이 되는 과제를 설계할 수 있다.

⑤ 나는 협력 탐구 활동과 지식 구축을 지원하는 과제를 설계할 수 있다.(후략)"

원격 협동 ICT/디지털 능력에 대한 문항:

"① 나는 학습자들의 일상적인 온라인 관행과 프로젝트의 목표에 모두 적합하도록 적절한 온라인 커뮤니케이션 도구를 선택할 수 있다.

② 나는 현재(예: Web 2.0 & 3.0) 통신 도구, 교육적 지원과 제약에 대한 기본 실무 지식을 갖추고 있다.

③ 나는 선택한 도구의 사용법을 한국어 학습자들에게 설명하거나 사용법을 배울 수 있는 온라인 자원 또는 제3자 지원을 제공할 수 있다.

④ 나는 온라인 문화 간 교류를 찾고 운영하기 위한 웹 관리 시스템 또는 교환 플랫폼에 대한 기본 실무 지식을 갖추고 있다.

⑤ 나는 화상 회의, 채팅 등과 같은 동시 작용 도구의 특정 지원과 기술을 고려하여 실시간 한국어 학습자의 상호작용을 구성할 수 있다.(후략)"

원격 협동에 대한 태도 및 신념에 대한 문항:

"① 나는 외국어로서의 한국어 교육(KFL)과 온라인 커뮤니케이션에서 문화가 본질적인 역할을 한다는 믿음을 가지고 있다.

② 나는 파트너 한국어 교사의 교육적 신념과 목표에 대

해 개방적인 태도를 가지고 있다.
③ 나는 과제 설계, 교환 구조와 기타 문제에 관련하여 파트너 한국어 교사와 기꺼이 타협할 수 있다.
④ 나는 한국어 학습자 또는 파트너 한국어 교사가 제안한 새로운 원격 협동 과제와 새로운 온라인 도구의 활용 시도에 관심을 기울인다.
⑤ 나는 온라인 문화 간 교류 과정에서 새롭게 발생하는 메시지, 텍스트와 질문을 처리할 의지를 가지고 있다.
(후략)"

AI 시대에 이러한 한국어 교사 원격 협동 능력 측정 도구는 다음과 같은 세 가지 측면에서 중요한 역할을 한다고 이해할 수 있다. 첫째, 해석의 기능, 즉, 한국어 교사 원격 협동 능력 측정 도구를 활용하여 AI 기반의 원격 협동 학습 프로그램에서 한국어 교사의 수행 양상을 해석할 수 있다. 둘째, 평가의 기능, 즉, 한국어 교사 원격 협동 능력 측정 도구를 활용하여 AI 기반의 원격 협동 학습 프로그램에서 외국어 교사의 수행 능력을 평가할 수 있다. 셋째, 교사 교육 목표의 기능, 즉, AI 기반의 원격 협동 학습 프로그램을 원활하게 수행할 수 있도록 예비 교사들을 어떻게 훈련해야 되는지 그 방향을 제시해 준다.

다시 말해, 한국어 교사 원격 협동 능력 측정 도구는 AI 기반의 원격 협동 학습 프로그램에서 바람직한 한국어 교사상을 구체화해 준다.

참고문헌

유인박(2021). 뉴노멀 시대 예비 한국어교원의 원격협동능력 연구. ≪반교어문연구≫, 279~321쪽.

Byram, M.(1997). *Teaching and assessing intercultural communicative competence*. Clevedon, UK: Multilingual Matters.

O'Dowd, R.(2015). The competences of the telecollaborative teacher. *The Language Learning Journal, 43*, 194~207.

O'Dowd, R.(2016). Learning from the past and looking to the future of online intercultural exchange. In O'Dowd, R., & Lewis, T.(Eds.), *Online intercultural exchange: Policy, pedagogy, practice*(pp.273~298). New York: Routledge.

03

외국어 교사의 감성 지능

인공지능은 인간의 감성 지능을 초월하기가 어렵다. 외국어 교육 현장에서 외국어 교사가 인공지능의 이러한 한계점을 보완하기 위해서 AI 시대 감성 지능이 더 중요해진다는 점을 인식하는 데는 '외국어 교사의 감성 지능'에 대한 이해가 필수적이다.

AI와 난임 극복?

AI 시대, 더 중요해지는 감성 지능

교사의 감정은 학습자의 학업 성취와 웰빙에 영향을 미칠 뿐 아니라 전문 직업인으로서 교사의 성취감, 효능감, 행복감을 결정하기도 한다. 외국어 교육 현장에서 교사와 학습자 간의 상호작용은 다른 교과보다 빈도가 상대적으로 높을 뿐 아니라 상호작용의 형태도 다양하고 복잡하다. 학습자들과 상호작용한다는 것은 교사가 '정신 노동(Mental Labor)', '육체 노동(Physical Labor)'을 하면서 '감정 노동(Emotional Labor)'도 언어적 행위와 비언어적 행위에 수반되고 있음을 의미한다. 외국어 교사가 목표 언어를 사용하여 상호작용을 유도하고 유지하는 과정에서 상대적으로 더 많은 감정적 도전에 직면하기 때문에 이공계열 교사보다 외국어 교사들에게 '감성 지능(Emotional Intelligence, EI)'이 특별히 중요하다(MacCann et al., 2020). 외국어 교사의 감성 지능은 '자기 효능감(Self-Efficacy)'과 강한 상관관계를 가지며, 감성 지능과 자기 효능감은 '소진(Burnout)'과 중간 정도의 상관관계를 가진다. 맡은 강의를 능히 감당해 낼 수 있는 교수학적 능력에 대한 자신감이 높고 자신의 감정을 다룰 수 있는 능력을 더 강하게 인식하는 외국어 교사들은 소진을 덜 느끼는 경향이 있다. 감성 지능이 높은 외국어 교사들은 외국어 교실과 학습자들을 관리하는 데 더 큰 역량이 있다고 느끼는 경향도 나타난다(Wang & Wang, 2022). 한편, 외국어 교사의 감성 지능은 교사의 전문성 개발에서도 중요한 역할을 하고 있다. 에흐산 세이디 샤히반드(Ehsan Seydi Shahivand)와 샤하브 모라드카니(Shahab Moradkhani)(2020)에 의하면, 외국어 교사의 감성 지능은 그들의 '성찰적 실천(Reflective Practice)'과 현저한 상관관계가 있다.

자기 효능감의 가치는 원어민 외국어 교사에 비해 비원어민 외국어 교사에게 더 중요해 보인다. 이는 비원어민 외국어 교사들의 경우, 목표 언어로 강의를 할 때 다음과 같은 두 가지 스트레스를 받기 때문이다. 하나는 목표 언어로 정확한 문장을 구사하여 발화해야 하는 스트레스이며, 다른 하나는 특정 주제에 대한 전문적이고 심층적인 지식을 전달해야 하는 스트레스다. 이러한 스트레스에 직면할 때, 자기 효능감이 부족하다면 비원어민 외국어 교사들의 감정적 소진을 유발할 것이다(Wang & Wang, 2022). 감성 지능은 자기 효능감의 예측 요인으로 간주되는데, 학습자들의 감정을 더 민감하게 파악하고 긍정적인 감정을 이끌어낼 수 있는 외국어 교사들이 외국어 학습에서의 지루함이나 불안감을 느끼는 학습자들에게 동기를 부여하고 교실을 효율적으로 관리하는 데 더 유능할 수 있다(Moafian & Ghanizadeh, 2009).

소셜 미디어와 기타 온라인 플랫폼을 통해 이루어지는 의사소통이 시간과 공간의 한계를 초월할 수 있다는 점도 교사의 사적 생활, 공적 생활, 직업적 생활의 경계를 구분하는 것을 더욱 어렵게 만든다(苏启敏 · 陶燕琴, 2021). 즉, 이는 교사의 워라밸을 침해하게 되면서 감정 노동의 시공간적 범위를 확대할 뿐 아니라 감정 노동의 부담도 함께 가중할 것으로 보인다. AI 기술이 외국어 교육 현장에 깊이 도입되면서 외국어 교사의 '주체성(Subjectivity)'도 다양한 도전에 직면하고 있다. 예컨대, 기술에 대한 의존이 심화하면서 교사로서의 주체적 의식이 약화한다는 점, 인간과 AI의 역할이 재구성되면서 교사의 위치와 역할이 흔들리게 된다는 점, 기술의 개입이 교사의 주체적 권리와 자율성을 침해한다는 점 등을 들 수 있다(桑国元 · 王佳怡, 2024).

인간의 감정은 서로 영향을 주고받는다. 감정을 감지하여 이해하는 능력은 선천적이라 할 수 있는 반면 감정을 관리하여 조절할 수 있는 능력은 후천적이고 습득하는 것이라 할 수 있다. 교육학적 맥락에서 외국어 학습자의 감성 지능의 습득 및 발전은 외국어 교사에게서 영향을 받을 수 있다. "학교에서 의도한 바가 없으나 학습자들이 학교생활을 하면서 은연중에 가지게 되는 경험을 소위 잠재적 교육과정이라고 한다"(김명광, 2022). 이러한 맥락에서 외국어 학습자들이 외국어 교실에서 경험하는 외국어 교사의 감정 노동도 일종의 잠재적 교육과정으로 볼 수 있다. 특히 외국어 교육 · 학습에서 목표 언어를 구사하는 원어민 외국어 교사와 만나게 될 상황도 빈번하다. 학습자들이 원어민 외국어 교사와 의사소통하면서 상호 문화 능력을 암묵적이거나 명시적으로 배우게 될 뿐만 아니라 원어민 외국어 교사를 대표로 한 목표 언어 언중의 감정 표현, 감정 통제의 패턴도 함께 체득하여 경험하게 될 것이다.

AI 시대에 외국어 학습자 감성 지능의 중요성은 왜 중요한가? 다음과 같은 세 가지 시대적 변화에서 그 이유를 찾을 수 있다. 먼저, 외국어 및 외국 문화 교육 현장에서 이루어지는 짝 활동과 '협력적 그룹 평가 활동(Collaborative Group Assessments)'이 점차 증가하는 추세다. 둘째, 교육기관에서 학습자의 인지적 요소뿐 아니라 비인지적 요소에 대한 고찰도 평가의 범위에 포괄하는 추세다. 셋째, 온라인 비대면으로 이루어지는 수업이 증가하면서 외국어 학습자들이 댓글, 메시지 등 한정된

매개를 통해 다른 동료 학습자나 교사와 상호작용하거나 관계를 형성하려면 더 많은 사회적, 감정적 기술이 필요하다(MacCann et al., 2020). 더불어 학습자 감성 지능과 학업 성취도의 상관관계를 검증한 매캔(MacCann) 외(2020)에서 다수의 선행 연구를 대상으로 '메타분석(Meta-Analysis)'을 한 결과, 다음과 같은 세 가지 이유에서 학습자의 감성 지능은 학업 성취도를 예측하는 데 유용하다고 밝혔다. 첫째, 감성 지능이 높은 학습자는 학업 성취도에 영향을 미치는 불안, 지루함, 실망감과 같은 부정적인 감정을 더 잘 조절할 수 있다. 둘째, 감성 지능이 높은 학습자는 교사, 동료 학습자 및 가족과 더 나은 관계를 형성하여 유지할 수 있다. 셋째, 감성 지능은 역사, 외국어 등의 인문학 교과목에 필요한 인간의 동기와 감정에 대한 이해와 같은 학습 역량과 겹칠 수 있다.

종합적으로 말하면, AI 시대에 들어오면서 외국어 교사 전문성 개발과 외국어 학습자 감성 지능 발달, 외국어 학습자 학업 성취 향상 등 측면에서 고려해 볼 때, 외국어 교사가 효율적으로 감정 노동할 수 있도록 외국어 교사의 감성 지능에 대한 이해 및 교육이 절실히 필요하다.

외국어 교사의 감성 지능

미국 학자 메이어(Mayer)와 샐러베이(Salovey)는 1990년대 처음으로 '감성 지능'이라는 용어를 본격적으로 제시해 연구하였다. '감성 지능'이란 사회생활에서 자신, 타인, 그리고 상황 맥락에서의 감정을 감지하며 경험하고, 정확하게 식별하여 이해하고, 적절하게 표현하며 평가하고, 조절하고 통제할 수 있는 정도를 의미한다. 메이어와 샐러베이는 1997년에 감성 지능의 내적 구조를 밝히기 위하여 '감정 인식', '감정 표현', '감정 이해', '감정 조절' 등 네 가지 하위 능력을 세분화할 수 있는 감성 지능 능력 모형을 제안하였다.

페트리데스(Petrides)는 선행 논의들을 바탕으로 '감성 지능'을 '특질 감성 지능(Trait Emotional Intelligence)'과 '능력 감성 지능(Ability Emotional Intelligence)'으로 분류하였다. 전자는 '감정적 자기 효능감(Emotional Self-Efficacy)'이라 부르기도 하고 사람이 감정적 정보를 인식하며 처리하고 활용하는 자기 지각적 능력과 관련된 행동적 성향을 의미한다. 후자는 '인지-감정적 능력(Cognitive Emotional Ability)'이라 부르기도 하고 사람이 감정적 정보를 인식하며 처리하고 활용할 수 있는 실제 능력을 뜻한다. '특질 감성 지능'은 성격 등 비인지적 영역과 관련되기 때문에 '자기 보고 설문지(Self Report Questionnaires)'를 통해 측정될 수 있는 반면에 '능력 감성 지능'은 인지적 영역과 관련되므로 '최대 성과 테스트(Maximum Performance Tests)'를 사용해야 측정될 수 있다(Petrides, 2004). 이처럼 '특질 감성 지능'의 측정이 상대적으로 용이하며 피험자의 왜곡된 응답에 민감하고 표준화된 측정 도구를 활용하면 심리측정학적 연구를 수행할 수 있다. 따라서 AI 시대 외국어 교사의 감성 지능을 측정하거나 연구하는 데는 '능력 감성 지능'보다 '특질 감성 지능'을 통해 접근하기가 더 수월할 것이다.

'특질 감성 지능'을 측정하기 위하여 페트리데스는 요인 분석을 통해 '웰빙(Well-Being)', '사회성(Sociability)', '자기 통제력(Self-Control)', '감정성(Emotionality)' 등 네 가지 요인으로 구성된 요인 구조를 제시한 바 있다. 그러나 사람의 감정은 사회문화적 차이, 민족적 차이도 있기 때문에 한국어 교사, 특히 한국어 원어민 교사의 '특질 감성 지능'을 측정하는 데 적용하려면 한국인을 대상으로 한 '특질 감성 지능' 측정 도구를 살펴볼 필요가 있다. 이현응 · 곽윤정(Lee & Kwak, 2012)은 한국인 성인의 '특질 감성 지능'을 측정하기 위하여 메이어와 샐러베이(Mayer & Salovey, 1997)와 페트리데스와 퍼

념(Petrides & Furnham, 2000/2001)의 논의를 결합하여 50개 문항을 포함한 측정 도구를 개발하였다. 그다음에 '탐색적 요인 분석(Exploratory Factor Analysis)'을 활용해서 한국인 성인 '특질 감성 지능'을 표상할 수 있는 '감정 인식 이해 요인(Emotional Recognition Understanding Factor)', '감정 촉진 요인(Emotional Facilitation Factor)', '감정 조절 요인(Emotional Regulation Factor)'의 삼원적 요인 구조를 탐색하였으며 최종적으로 총 20개 문항을 수렴하였다. 구체적인 예시를 두 개 문항씩 들자면 다음과 같다.

'감정 인식 이해 요인' 문항 예시:
"나는 나와 친한 사람이 아니더라도 그 사람의 감정이나 기분을 잘 알아차린다."
"나는 말투, 목소리 톤, 표정을 통해서 타인의 감정이나 기분을 잘 알아차린다."

'감정 촉진 요인' 문항 예시:
"나는 하기 싫지만 해야 할 일이라면 마음을 돌이켜 하고 싶은 마음이 들도록 한다."
"나는 어떤 일이 끝나고 나서 허탈한 기분이 들더라도 다음

일을 위해서 마음을 다진다."

'감정 조절 요인' 문항 예시:

"나는 내 감정을 잘 다스릴 수 있다."

"나는 우울한 기분을 밝고 긍정적인 기분으로 변하게 할 수 있다."

—Lee & Kwak(2012)에서 발췌

이처럼 외국어 교사와 교사 교육자가 자신이 속한 사회문화적 배경에 맞춰 적당한 '특질 감성 지능' 측정 도구를 개발할 필요성도 있어 보인다. 이러한 측정 도구를 활용해서 외국어 예비 교사, 현직 교사, 학습자의 '특질 감성 지능'을 파악하고 이해할 수 있다. 그리고 외국어 교사의 감성 지능 수준에 따라 적절한 교사 학습, 교사 교육 프로그램을 개발하고 AI 시대 외국어 교사의 감정 노동을 더욱 효율적이고 행복하게 할 수 있도록 조력할 수 있다.

참고문헌

김명광(2022). 『외국어로서의 한국어 교육과정론』. 소통.

이현웅·곽윤정(2012). Development and initial validation of a trait emotional intelligence scale for korean adults. Asia Pacific Education Review,13(2), 209～217.

桑国元·王佳怡(2024). 数字时代教师主体性的挑战与重塑, 教师发展研究 第8卷第4期, 36~41.

苏启敏·陶燕琴(2021). 人工智能时代美国教师专业道德守则新动向, 比较教育研究 第380期, 50~59.

Ehsan Seydi Shahivand, & Shahab Moradkhani(2020). The relationship between EFL teachers' trait emotional intelligence and reflective practices: A structural equation modeling approach. *Innovation in Language Learning and Teaching, 14(5)*, 466～480.

MacCann, C., et al.(2020). Emotional intelligence predicts academic performance: A meta-analysis. *Psychological bulletin,*146～150.

Mayer, J. D., & Salovey, P.(1997). What is emotional intelligence? In P. Salovey, & D. J. Sluyter(Eds.), *Emotional development and emotional intelligence: Educational implications*(pp.3～34). Basic Books.

Moafian, F., & Ghanizadeh, A.(2009). The relationship between Iranian EFL teachers' emotional intelligence and their self-efficacy in Language institutes. *System, 37,* 708～718.

Petrides, K. V., et al.(2004). Emotional intelligence. *Psychologist, 17(10)*, 574～577.

Petrides, K. V., & Furnham, A.(2000). On the dimensional structure of emotional intelligence. *Personality and Individual Differences, 29,* 313～320.

Petrides, K. V., & Furnham, A.(2001). Trait emotional intelligence: Psychometric investigation with reference to established trait taxonomies. *European Journal of Personality, 15,* 425~448.

Petrides, K. V., et al.(2004). The role of trait emotional intelligence in academic performance and deviant behavior at school. *Personality and Individual Differences, 36,* 277~293.

Wang, Y., & Wang, Y.(2022). The interrelationship between emotional intelligence, self-efficacy, and burnout among foreign language teachers: A meta-analytic review. *Frontiers in Psychology, 13.*

04
외국어 교사의 연구 리터러시

AI 기술이 외국어 교육 연구에 미친 변혁적 영향을 이해하기 위하여 'AI 시대 과학 연구 패러다임의 혁신' 발전을 정리하였다. 더불어 AI 시대에 대응하여, 'AI 기반의 교육 과학 연구 패러다임'에서 요구되는 '외국어 교사의 교육 기반 연구 리터러시' 프레임워크를 소개하였다.

AI와 사주?

AI 시대 과학 연구 패러다임의 혁신

컴퓨터 분야 '튜링상(Turing Award)' 수상자인 짐 그레이(Jim Gray)는 2007년에 과학 연구 패러다임 발전의 네 단계를 제시한 바 있다. 먼저, 첫째 패러다임인 '실험적 과학 패러다임(Experimental Paradigm)'은 인간의 초기 과학 연구에서 활용된 패러다임으로 수천 년 전 인류가 자연적 현상을 기록하고 치밀하게 묘사하는 데 중점을 둔다는 점이 특징적이다. 둘째 패러다임인 '이론적 과학 패러다임(Theoretical Paradigm)'은 모델링과 귀납법을 기반으로 한 이론적 과학을 중심으로 하는 패러다임이다. 이는 몇백 년 전의 연구자들이 자연적 현상을 관찰하는 것보다 그 현상을 뒷받침해 주는 자연적 법칙과 원리를 설명하는 데 주력한 경향을 보여 준다. 따라서 이론적 과학 패러다임은 실제적이고 응용적인 과학 연구보다 일반화 가능성이 강하며 귀납성이 강한 학리적 이론의 생성을 더욱 강조한다. 셋째 패러다임은 컴퓨팅과 시뮬레이션을 기반으로 하여 컴퓨터의 엄청난 연산 능력을 활용하여 복잡한 문제를 해결한다는 것을 설명하는 '계산적 과학 패러다임(Computational Science Paradigm)'이다. 넷째 패러다임인 '데이터 집약적 패러다임(Data-Intensive Paradigm)'은 인간의 경험적 관찰이 아닌 수집된 방대한 데이터에서 이론을 귀납적으로 도출한다는 패러다임이다. 즉, 현재 잘 발전되고 있는 병렬 컴퓨팅, 데이터 마이닝, 머신 러닝 등 기술을 활용해서 데이터에 숨겨진 규칙을 탐색하는 원리다. 오늘날 AI 기술의 발전에 따라 다섯째 패러다임인 '인공지능 과학 패러다임(AI for Science, AI4S)'이 나타났다. 쉽게 말하면, 인공지능 기반의 데이터 귀납과 분석 능력을 활용하면서 인간의 가치와 지식을 결합하여 자연계와 인류 사회의 현상을 학습하며 시뮬레이션을 하며 미래를 예측하는 기본적 원리다(刘三女牙 等, 2024).

과학 연구 패러다임 발전의 다섯 단계는 물리적 과학 기술을 기반으로 하여 직전 패러다임의 한계점을 극복해 나가도록 나타났다는 경향성과 발전 기제로 분석될 수 있다. '실험적 과학 패러다임'에는 자연 현상에 대한 맹목적 관찰과 실험을 진행하는 데 드는 시간적, 경제적 비용이 높았다. '이론적 과학 패러다임'은 실험에 들인 시간적, 경제적 비용을 줄일 수 있도록 일반화가 가능한 이론을 도출하고자 탄생되었다. '계산적 과학 패러다임'은 앞에 실험적 귀납과 이론적 연역으로 해결할 수 없는 복잡한 문제들을 시뮬레이션함으로써 해결 방안을 탐색하는 것이다. 데이터의 규모가 급격히 증가하게 되면 컴퓨터는 단순히 과학자가 설정한 프로그램 규칙에 따라 시뮬레이션을 수행하는 대신에 자동으로 데이터에서 규칙을 발견하고 그중의 연관 관계를 기반으로 과학 이론을 형성할 수 있다(颜世健 · 喻国明, 2024). 이러한 논리에서 '데이터 집약적 패러다임'이 나타났다. 그러나 수학적 공간에 추가적 데이터의 차원이 증가할수록 발생하는 부피도 기하급수적으로 증가하게 되고 데이터를 분석하거나 기계 학습할 때, 학습 모델의 성능이 저하하게 될 것이다. 이러한 현상을 리처드 벨먼(Richard Bellman)은 '차원의 저주(Curse of Dimensionality)'라고 정의한다. AI 기술을 바탕으로 이러한 '차원의 저주' 현상과 같은 한계를 극복하고 과학 연구의 정밀도와 효용성을 높일 수 있다는 '인공지능 과학 패러다임'이 새로 나타났다.

AI 기술이 발달함에 따라 AI가 교육 과학 연구의 도구 역할을 할 뿐만 아니라, 교육 과학 연구의 대상도 되고, 교육 과학 연구의 기반도 되는 만큼 교육 과학 연구의 패러다임도 변화하게 되었다. 통시적 관점으로 교육 과학 연구의 패러다임은 다음과 같은 네 단계로 발전해 오고 있다. 첫째, 대규모 조사 연구, 대조 실험 연구를 대표로 한 '과학 실증적 교육 연구 패러다임'이다. 둘째, 교육 현장에서 일어나는 사건, 교육 주체들의 경험, 교수·학습이나 교사 전문성 개발 과정 등을 대상으로 진행한 사례 연구, '내러티브 탐구(Narrative Inquiry)', '근거 이론(Grounded Theory)' 등을 비롯한 '질적 교육 연구 패러다임'이다. 셋째, 빅데이터를 기반으로 하여 과학 실험, 컴퓨팅과 시뮬레이션 등 기술을 활용한 데이터 집약적 교육 연구 패러다임이다. 넷째, '인공지능 과학 패러다임'을 교육 연구에 적용하는 소위 'AI 기반의 교육 과학 연구 패러다임(AI-Driven Educational Science Paradigm)'이다.

기존의 교육 연구 패러다임에 비해 'AI 기반의 교육 과학 연구 패러다임'은 인간 지혜와 AI의 상호보완성을 중요시하며, 교육 현장에서 '인공지능 생성 교육 콘텐츠(Artificial Intelligence Generated Content)'를 윤리적으로 활용하며, 교수·학습 주체인 인간의 핵심적이고 주체적인 지위를 더욱 중요시한다는 점이 차별적이고 특징적이다.

외국어 교사의 교육 기반 연구 리터러시

다른 학문 분야와 비교할 때, 외국어 교과교육학을 전공한 외국어 교사들의 '학문적 사회화' 경험은 그들의 '교직

사회화' 경험과 긴밀히 연관되어 있다(지립군 · 유인박, 2024). 교육행정학 관점에서, 빅란(Biglan) 학문 영역 분류 기준에 의하면, 외국어 교과교육학은 '연성(Soft)-응용(Applied)-생물 과학(Life System)'에 속한다. 이러한 '연성-응용'학문은 "모호한 패러다임, 실용적 적용, 기능주의적 지식 특성, 공리주의, 절차 중시, 의미 있는 탐구에 대한 낮은 합의"와 같은 특성을 가지고 있다(김승정, 2017; 유인박, 2022). 따라서 외국어 교과교육학 분야의 연구는 교육을 기반으로 하며 교육을 지향한다고 할 수 있다.

AI 기반의 교육 과학 연구의 특징, 그리고 외국어 교과교육학 연구의 특성에 맞춰 외국어 교사의 '교육 연구 리터러시(Teaching-Based Research Literacy)'가 제안되었다. 서금분(徐锦芬)과 양가기(杨嘉琪)(2024)에 의하면, '교육 연구 리터러시'란 외국어 교사가 외국어 교육과 연구를 긴밀하게 결합한다는 의식을 갖추면서 인내력을 발휘하여 교육 실천의 과정에서 교육적 문제를 발견하며, 과학적 연구 방법을 활용하여 해결 방안을 탐구하고 이러한 연구 결과를 교육 실천에 적용하여 교수법을 최적화하고 교육과 연구의 호혜적 발전을 추진하는 종합적인 자질과 능력이다.

서금분 · 양가기의 연구(2024)에서는 사변적 방법으로 다음과 같이 다섯 가지 요인을 중심으로 한 '교육 연구 리터러시 프레임워크'를 제안하였다.

첫째, 외국어 교사의 '교육 기반 연구 의식(Teaching-Based Research Awareness)'은 다시 '교육 기반 연구에서의 교사 정체성에 대한 인식', '교육 기반 연구 활동의 가치에 대한 인식', '외국어 교사가 교육과 연구의 융합적 발전에 능동적으로 참여하는 자발적 의식' 등 세 가지 요소로 세분화한다. AI 시대에는 외국어 교사들이 교육적 맥락, 교육 연구의 맥락에서 자신의 정체성을 재인식해야 하고 AI 기술의 변혁이 가져온 새로운 변화에 능동적으로 대응해야 할 것이다.

둘째, 외국어 교사의 '이론적 리터러시(Theoretical Literacy)'는 '이론적 지식의 구축', '교육과 연구 활동에 이론의 적극적 적용', '기존 이론의 보완과 새로운 이론의 창출' 등 세 가지 요소로 세분화한다. AI 시대에는 외국어 교사들이 'AI 기반의 교육 과학 연구 패러다임'에 맞게 이론적 민감성을 신장하고 새로운 이론을 구성하거나 창출한다는 의식을 갖춰야 할 것이다.

셋째, 외국어 교사의 '교육 기반 연구 기술(Teaching-Based Research Skills)'은 연구의 단계에 따라 '연구 문제 설정', '선행 연구 검토', '연구 절차 설계', '귀납적 해석', '연구 성과 전환'과 같은 다섯 가지 요소로 유형화된다. AI 시대에는 외국어 교사들이 효율적으로 이러한 기술을 발휘할 수 있도록 윤리적으로 연구의 목적에 맞게 AI 도구를 선택하여 활용할 수 있어야 할 것이다.

넷째, 외국어 교사의 '교육 기반 연구 의지(Teaching-Based Research Volition)'는 교육과 연구에서의 어려움과 좌절에 스스로 조정할 수 있는 '회복탄력성(Resilience)', 교육과 연구에 대한 지속적인 열정을 가진다는 '그릿(Grit)', 교육과 연구의 어려움을 극복하며 목표에 도달할 수 있다는 '자기 효능감(Self-Efficacy)' 등 세 가지 심리적 개념을 포함한다. AI 시대에는 교육 현장에서 일어나는 새롭고 복잡한 현상을 탐구하거나, AI 기반의 학제 간 연구를 진행할 때, 예측하지 못한 난제들이 더욱 많아질 것으로 예상된다. 이럴 때, 외국어 교사의 '교육 기반 연구 의지'가 연마되고 전인적 교사의 성장을 도모할 수 있다.

다섯째, 외국어 교사의 '윤리적 리터러시(Ethical Literacy)'는 교육과 연구에서 윤리적 규범에 관한 '윤리적 인지', 교육 연구 공동체에서의 구성원에 대한 배려심과 책임감을 비롯한 '윤리적 감정', 교육과 연구의 전 과정에서 윤리적으로 행동하며 의사 결정할 수 있다는 '윤리적 실천'으로 정의된다. 특히, AI 시대에는 외국어 교사들이 AI 도구들을 어떻게 윤리적이고 효용적으로 활용하면 좋을지에 대한 합의가 필요할 것이다.

참고문헌

김승정(2017). 대학원 교육에서 나타나는 학문 분야별 연구 및 교육 특징 분석. ≪교육행정학연구≫, 227-251쪽.

유인박(2021). 뉴노멀 시대 예비 한국어교원의 원격협동능력 연구. ≪반교어문연구≫, 279-321쪽.

유인박(2022). 메타의 메타: 한국어교육 분야 '지식 종합 방법'에 대한 총괄적 문헌 고찰: 한국어 학습자 요인 관련 연구 동향 분석 논문을 중심으로. ≪외국어로서의 한국어교육≫, 91-130쪽.

지립군·유인박(2024). 중국인 한국어교육전공 박사생의 학문적 사회화에 대한 연구: 근거이론을 중심으로. ≪새국어교육≫, 157-198쪽.

刘三女牙·郝晓晗·李卿(2024). 教育科研新范式: 人工智能驱动的教育科学研究. 教育研究, 530, 147~159.

徐锦芬·杨嘉琪(2024). 教师教研素养: 外语教育学发展的核心驱动力. 外语界, 224, 16~24.

颜世健·喻国明(2024). 智能方法作为"第五范式": 人工智能时代科研范式的"新物种". 学术探索, 290, 34~43.

Bellman, R.(1957). *Dynamic Programming*. Princeton University Press, Princeton.

Hey, A., et al.(2007). Jim Gray on eScience: A transformed scientific method. National Research Council, Computer

Science and Telecommunications Board.

05
외국어 교사 교육 및 교사 학습

AI 도구의 조력으로 교사의 이론적 지식을 강조한 '교사 교육'이란 개념에서 점차 교사의 능동성과 자율성을 강조한 '교사 학습'이란 개념까지 인식론이 진전하는 경향을 보인다. AI 시대 외국어 교사 학습의 세 가지 모델도 함께 소개하였다.

AI와 아이돌?

'교사 교육'에서 '교사 학습'으로

AI 시대의 외국어 교사 교육 및 교사 학습을 논의하기 전에, '교사 교육'과 '교사 학습'의 개념부터 살펴볼 필요가 있다. 흔히 '교사 교육(Teacher Education)'을 말할 때, '교사 양성/훈련(Teacher Training)', '교사 전문성 개발(Teacher Professional Development)', '교사 학습(Teacher Learning)' 등 다양한 유사 개념들이 떠오를 수 있다. 강염의 연구(康艳, 2022)에서 학문적 사조와 이론적 토대를 바탕으로 이러한 개념을 구별한 바 있다. 연구에서 보면 구성주의 학습 이론, 평생 교육 이념의 보급에 따라 전통적이고 폐쇄적인 '교사 양성/훈련'의 개념에서 점차 개방적이고 교사의 이론적 지식을 강조한 '교사 교육'이란 개념으로 발전하였다. 그 후 성찰적 교육 사조의 영향을 받아 자기 성찰을 강조한 '교사 전문성 개발'으로 나아갔고, 현재는 교사의 능동성과 자율성을 강조한 '교사 학습'이란 개념까지 진전하는 경향을 보인다(유인박 외, 2023). 이처럼 이 네 가지 용어의 변화와 개념의 전환은 교사의 본질을 바라보는 교사관(教師觀)의 변화에 내재되어 있다고 보았다. 즉, 교사의 본질을 무엇으로 표상하느냐에 따라 교사 교육에 대한 이해도 함께 변화해오고 있다. 그래서 일반적이고 광의적인 '교사 교육'은

'교사 양성/훈련', '교사 전문성 개발', '교사 학습' 등 다양한 개념을 포괄하는 개념으로 활용된다. 이와 달리 협의의 '교사 교육'은 '교사 학습' 등 개념들과 같은 층위의 개념으로서, 교사 지식에 대한 교수를 강조한다. 이런 맥락에서 교사를 수동적이고 타율적인 존재로 바라보고 있음을 알 수 있다.

교사의 전문성 개발 단계나 생애 주기에 따라 광의의 개념인 '교사 교육'을 다시 교사의 '양성 교육'과 '현직 교육'으로 이원화할 수도 있다. 국내의 맥락에서, 특히 공교육 관료적 관점에서는 '현직 교육', '현직 연수', '교사 장학'과 같은 개념도 제기되어 왔다. 서재복 외(2011)에 따르면 현직 교육은 '교원 현직 연수', '교직원 개발', '전문성 개발' 등으로 불리기도 하는데, 좁은 의미에서는 특정한 교육 프로그램의 수행이나 임용과 직접 관련하여 제공되는 공식적인 교육 훈련만을 의미하고, 넓은 의미로는 교직 생활 전 기간에 다양한 형태로 제공되는 모든 교육 훈련을 의미한다고 하였다. 이와 달리, "교원의 현직 연수는 교원이 교직에 종사하면서 직업적 성장을 위하여 자율적으로 또는 의무적으로 하는 교육 및 제반 활동을 말한다"(서재복 외, 2011). 그리고 "교사 장학은 교육 행정 내지 학교 경영의 중핵이 되는 활동으로서 교수 · 학습의 과정을 개선하고 학교 교육의 목표를 달성하기 위하여 장학 담당자가 우수한 지도 능력으로 지도 · 조언 · 지원 · 조성하는 교육 지도성이라 할 수 있다"(김재우, 1996).

AI 기술은 '자체 적응 시스템 및 개인화', '진단 및 평가', '지능형 튜터링 시스템'을 제공하는 데 장점이 있다. AI 시대에 들어 물론 전통적인 '교사 교육'도 필수불가결하나 외국어 교사들은 능동성과 자율성을 발휘하여 AI 도구를 활용함으로써 '교사 교육'보다 '교사 학습'을 통해 자신의 전문성을 더 효율적으로 발전시킬 수 있다. 이에 AI 시대에는 협의의 '교사 교육'에 비해 '교사 학습'의 가치와 의미가 더 중요해질 것이다.

외국어 교사의 학습 모델

AI 시대에 외국어 교사가 어떻게 효율적으로 학습하고 있는지를 개념화하기 위하여 여기서 다음 세 가지 외국어 교사 학습 모델을 소개할 것이다.

첫째는 클라크(Clarke)와 홀링스워스(Hollingsworth)가 교사 신념과 이에 영향을 미칠 수 있는 요소들 간의 상호작용과 역동성에 주목하며 제기한 '상호 연결된 교사 전문성 개발 모델(The Interconnected Model of

Professional Growth)'이다. 교사의 전문성 발전은 성찰과 실천의 중재적 과정을 통해 이루어진다. 이러한 과정에 아래와 같이 네 가지 명확한 영역이 있다. 첫째, 교사의 지식, 신념과 태도 등을 중심으로 한 '개인적 영역(Personal Domain)'이다. 둘째, 교사가 교육 현장에서 새로운 교수법을 적용하거나 새로운 학습 방법을 통해 전문성 신장을 도모한다는 '전문적 실험(Professional Experimentation)'을 중심으로 한 '실천 영역(Domain of Practice)'이다. 셋째, '현저한 교육적 효과(Salient Outcomes)'를 비롯한 '결과 영역(Domain of Consequence)'이다. 넷째, 교사 연수, 전문가와의 전문적 대화, 학술 출판물 등 외부적 정보원을 대표로 한 '외부적 영역(External Domain)'이다. 이러한 네 가지 영역은 교사의 성찰과 실천을 통해 연결되어 상호작용하고 최종적으로 교사의 변화를 유도한다. 교사의 성찰은 인지적 구성주의에 의한 교사 개인의 내재적인 상호작용이고 교사 전문성 개발의 '암시적(Implicit) 측면'을 강조하는 반면에, 교사의 실천은 사회적 구성주의에 의한 교사와 다른 동료, 학습자, 학부모 등의 외부적 상호작용이고 교사 전문성 개발의 '명시적(Explicit) 측면'을 강조한다. AI 시대에는 외국어 교사가 AI와 관련한 외국어 교육 자원 등 외부적 영역의 자극을 받아 AI 도구를 교육 현장에 활용하면서 그 교육적 효과에 따라 외국어 교육에서 AI의 역할과 기능, 자신의 정체성을 재성찰하게 할 수 있을 것이다.

둘째 외국어 교사 학습 모델은 일곱 가지 단계를 포함한 '확장 학습 사이클(Expansive Learning Cycle)'이다. 이는 엥에스트룀(Engeström)이 '문화 역사 활동 이론(Cultural Historical Activity Theory, CHAT)'을 바탕으로 제기한 것이고 구체적으로 다음과 같다.

"① 질문하기(Questing): 기존의 관행, 지식, 지혜의 일부 측면에 대해 질문하거나, 비판하거나, 거부하는 것이다.
② 문제 상황을 분석하기(Analyzing the Situation): 분석은 원인이나 설명 메커니즘을 찾아내기 위해 상황을 정신적, 담론적, 또는 실질적으로 변형하는 과정을 포함한다. 이는 두 가지 유형으로 나뉜다. 하나는 문제의 기원과 진화를 추적하여 상황을 설명한다는 '역사-유전적(Historical-Genetic)' 분석이다. 다른 하나는 상황의 내재적 체계적 관계를 구성하여 설명한다는 '현실-경험적(Actual-Empirical)' 분석이다.
③ 모델링하기(Modeling the New Solution): 새롭게 발견된 설명적 관계를 공공연히 관찰 가능하고 전달 가능한 매체에 모델링하는 행동이다. 즉, 문제 상황을 설명하고 해결

책을 제시하는 새로운 아이디어의 명확하고 단순화된 모델을 구성하는 것을 의미한다.

④ 새로운 모델을 검토하기(Examining and Testing the New Model): 새로운 모델의 역동성, 잠재력 및 한계를 완전히 이해하기 위하여 새로 구성된 모델을 실행하고 작동시키며 실험함으로써 검토해 본다.

⑤ 새로운 모델을 구현하기(Implementing the New Model): 새로운 모델을 실용적인 응용, 강화 및 개념적 확장을 통해 구현하는 것이다.

⑥ 과정을 반성하고 평가하기(Reflecting on and Evaluating the Process): 과정에 대해 반성하고 평가하는 것이다.

⑦ 결과를 공고하고 일반화하기(Consolidating and Generalizing the New Practice): 반성하고 평가한 결과를 새로운 안정된 관행의 형태를 향해 공고하는 것이다."

－엥에스트룀 · 산니노(Engeström & Sannino, 2010)에서 발췌

외국어 교사가 AI 시대 외국어 교육 현장에서 반성을 통해 새로운 '실천적 지식(Practical Knowledge)'을 획득할 수 있다. 이러한 '확장 학습 사이클'을 활용해서 외국어 교사가 자신의 실천적 지식을 반복적으로 검토하고

검증할 수 있다. 이렇게 검증된 외국어 교사의 개인적 실천적 지식은 최종적으로 외국어 교사의 집단적 지식으로 확립될 것이고 집단적 지성의 형성에 기여할 수 있다.

외국어 교사 학습의 셋째 모델은 교사가 '학습자 공동체 육성(Fostering a Community of Learners, FCL)' 과정에서 직면하는 모순과 도전을 묘사하기 위하여 생태학(Ecology) 관점에서 제안된 교사 개인적 수준, 교사 공동체 집단적 수준, 교육 정책적 수준 등 세 가지 층위로 구성된 체계적 교사 학습 모델이다(Shulman & Shulman, 2004). 먼저, 교사 개인적 수준의 학습 모델은 '비전(Vision)', '동기(Motivation)', '이해(Understanding)', '실천(Practice)', '성찰(Reflection)' 등 다섯 개 요소를 포함한다. 교사 공동체 집단적 수준의 학습 모델은 교사 개인적 수준 학습 모델의 다섯 개 요소에 대응되는 '공유된 비전 및 이념(Shared Vision or Idealogy)', '공유된 규약, 지원, 인센티브(Shared Commitment, Support, Incentives)', '공유된 지식 기반(Shared Knowledge Base)', '실천 공동체(Community of Practice)', '성찰 및 경험 학습에 대한 조직 차원의 기회(Organizational Opportunities for Reflection & Learning From Experience)'를 포함한다. 마지막으로, 교육 정책적 수준의 학습 모델도 마찬가지로 앞에 두 가지 수준 학습 모델의 각 요소와 대응시키는 식으로 제안되었다. 즉, 재정적 인센티브와 비품의 공급을 포함한 '벤처 자본(Venture Capital)', '교육과정 자본(Curricular Capital)', '문화적 혹은 도덕적 자본(Cultural or Moral Capital)', '기술적 자본(Technical Capital)' 등이 있다. 이 세 가지 수준의 학습 모델은 서로 독립적이면서도 상호작용하며 서로 결정적이다.

AI 시대에 들어오면서 교사 개인적 수준에서 AI 도구의 활용은 교사의 실천에 영향을 미칠 수 있다. 교사 공동체 집단적 수준에서는 요즘 '클라우드 커뮤니티(Cloud Community)'를 통해 함께 학습하고 있는 교사 공동체를 설명하는 데 유용하다고 할 수 있다. 한편, AI 도구를 활용한 외국어 교사 실천 공동체의 학습과 실천에서 나타나는 변화 양상은 교사 공동체의 집단적 수준에서 학습 모델로 설정할 수도 있다. 교육 정책적 수준에서는 AI 기술 지원, AI 기술 허용 범위에 대한 교육 당국의 정책적 규제, AI 기술 활용의 윤리적 규제 등이 모두 외국어 교사 전문성 개발의 방향성에 영향을 미칠 것으로 예상할 수 있다.

참고문헌

김재우(1996). 『교직교육론』. 양서원.

서재복 외(2011). 『교사교육론』. 태영출판사.

유인박 외(2023). 한국어 교사 관련 연구 동향 분석: 한국 국내 박사학위논문을 중심으로. ≪외국어로서의 한국어교육≫, 115~149쪽.

康艳(2022). 『外语教师学习』. 外语教学与研究出版社.

李霞·徐锦芬(2020). 国内外教师学习研究: 模型、主题与方法. 外语界, 200, 80~88.

Clarke, D., & Hollingsworth, H.(2002). Elaborating a model of teacher professional growth. *Teaching and Teacher Education, 18*(8), 947~967.

Davydov, V. V.(2008). *Problems of developmental instruction: A theoretical and experimental psychological study*. Hauppauge, NY: Nova Science Publishers.

Engeström, Y., & Sannino, A.(2010). Studies of expansive learning: Foundations, findings and future challenges. *Educational Research Review, 5*(1), 1~24.

Johnson, K. E.(2009). *Second language teacher education: A sociocultural perspective.* Taylor & Francis e-Library.

Liang, J., et al.(2021). Roles and research foci of artificial intelligence in language education: An integrated bibliographic analysis and systematic review approach. *Interactive Learning Environments, 31*, 4270~4296.

Mezirow, J.(2000). Learning to think like an adult: Core concepts of transformation theory. In Mezirow, J., et al.(Eds.), *Learning as transformation: Critical perspectiveson a theory in progress*(pp.3~33). SanFrancisco: Jossey-Bass.

Shulman, L. S., & Shulman, J. H.(2004). How and what teachers learn: A shifting perspective. *Journal of Education, 189*, 1~8.

06
외국어 교사의 전문성 정책: 미국

AI 시대의 외국어 교육 변혁에 대응하여 미국에서는 어떤 대책을 세웠는가? 미국에서는 외국어 교사 교육 실천부터 새로운 이념을 창출하고 구현하고 있다. 미국의 이러한 노력을 이해하기 위하여 외국어 교사 교육 분야의 '열 가지 높은 수준의 교육 실천'과 'AI 시대 미국의 교육자 전문적 윤리 강령'의 내용을 정리하였다.

AI와 야구?

열 가지 높은 수준의 교육 실천

그로스만(Grossman)과 맥도날드(Mcdonald)는 2008년에 '교육에 관한 연구'와 '교사 교육에 관한 연구'의 관련성을 논의하면서 '교사의 교수학적 실천'의 중요성을 강조하고 효용적인 '실천 기반의 교사 교육'을 주장한 바 있다. 볼(Ball) 등 학자들은 2009년에 이러한 '실천 기반의 교사 교육' 사상의 연장선에서 처음으로 미시간대학교 초등학교 수학 교사의 교육 프로그램을 논의하면서 '높은 수준의 교육 실천(High Leverage Teaching Practices)'이라는 개념을 제시하여 개념화하였다. '높은 수준의 교육 실천'이란 교육 현장에서 필수적이며 고빈도로 진행되고 교수의 효용성이 상당히 높은 교육 활동으로서 이를 잘 수행하면 교사들의 역량을 크게 강화할 수 있다(Ball et al., 2009).

글리산(Glisan)은 제2언어/외국어 교사 교육 분야에서 2010년에 처음으로 '높은 수준의 교육 실천'에 대해 논의하기 시작하였다. 2021년까지 글리산(Glisan)과 도나토(Donato)는 외국어 교육 맥락에서의 총 열 가지 항목(이하 10 HLTPs)을 다음과 같이 제안하였다.

"① 목표 언어의 이해력을 촉진한다.

언어를 이해하기 쉽게 만들고 학습자들이 해당 언어로 상호작용하도록 참여시킴으로써 교실에서 최소 90%의 시간에는 목표 언어를 사용한다.

② 교실 담화 공동체를 구축한다.

교실에서의 구두 의사소통에 학습자를 참여시키고 구두 짝 활동과 팀 과제를 설계하고 수행시킨다.

③ 학습자가 실제 텍스트를 해석하고 토론하도록 지도한다.

학습자가 실제 텍스트(원어민을 위한 원어민이 작성한 텍스트)를 해석하도록 지도하고 텍스트 기반의 토론을 촉진한다.

④ 속도를 통해 대화적 맥락에서 형식에 중점을 둔다.

실제 텍스트 제시, 목표 형식 · 기능에 대한 학습자들의 관심 유도, 문법 형태 · 기능에 대한 토론, 해당 형태를 사용하는 확장 활동 등의 단계를 통해 문맥 속에서 대화식으로 문법을 가르친다.

⑤ 대화의 맥락에서 문화 제품, 관행 및 관점에 초점을 맺는다.

목표 언어로 상호작용하면서 학습자들에게 문화 제품, 관행 및 관점에 대해 가르친다.

⑥ 학습자의 수행을 향상하기 위해 구두 교정 피드백을 제공한다.

오류를 수정해야 하는 시기, 수정할 오류, 오류 수정 방법 등을 포함한 오류 수정.

⑦ 목적이 있고 의미 있는 맥락을 설정한다.

문화적 맥락을 반영하여 실제적인 수업과 활동을 설계한다.

⑧ 역방향 설계를 위한 반복 과정을 사용하여 교육 계획을 수립한다.

목표 지식과 기능부터 시작하여 수업 단원을 만들고, 평가를 설계한 다음 수업을 설계한다.

⑨ 의도적인 서면 의사소통에 학습자의 참여를 유도한다.

학습자들이 먼저 특정 글쓰기 장르의 예시(예: 여행 브로슈어)를 분석한 후 동일한 장르 내에서 자신만의 텍스트를 만드는 장르 기반 교수법을 통해 글쓰기를 가르친다.

⑩ 맥락에 맞는 성과 평가를 개발한다.

구두 의사소통 수행 평가 생성 및 관리, 프레젠테이션 작문 평가를 작성하는 방법, 수행 평가 루브릭을 통해 학습자에게 피드백을 제공하는 방법."

－키사우 외(Kissau et al., 2023)에서 발췌

10 HLTPs는 대량의 제2언어 습득 연구 결과를 기반으로 도출되었으며 교사 교육학적 수행의 영역과 절차를 규명해 주었다(洪明 · 袁笛, 2023). 그러면 실제 외국어

교사 양성 과정에서 10 HLTPs가 어떻게 반영되고 있는지를 살펴보자. 키사우(Kissau)는 온라인 설문 조사와 인터뷰를 활용하여 미국과 독일의 외국어 교사 교육 프로그램을 비교 연구하였다. 그 결과 독일보다 미국의 예비 외국어 교사들이 10 HLTPs에 더 주의를 기울인다는 사실이 밝혀졌다. 또 미국의 외국어 교사 교육 프로그램에서는 ⑤번과 ⑦번을 상대적으로 중요시하는 반면에 독일의 외국어 교사 교육 프로그램에서는 ①번과 ⑥번을 상대적으로 더 중요시하는 경향을 보였다(Kissau et al., 2023).

물론 10 HLTPs는 실제 외국어 교실에서 교사의 교육학적 수행과 완전히 동일시될 수 없다. 그럼에도 교사에게 단순히 지식과 신념만을 요구하는 것을 넘어, 교육 현장에서 교사의 의사 결정과 교육학적 수행까지 포함하는 방향으로 나아가고 있음을 보여준다. 이는 교사 교육의 새로운 지향점을 제시한다는 점에서 의의가 있다. AI 시대에 대응하여 외국어 교사 양성 과정에서 AI를 활용하면 10 HLTPs 훈련의 효용성을 높일 수 있을 뿐만 아니라 특히 비원어민 교사들을 양성하는 데 보조적인 역할을 기대할 수 있겠다.

AI 시대 미국의 교육자 전문적 윤리 강령

2023년 미국 '전국교사교육인증협회(National Association of State Directors of Teacher Education and Certification, NASDTEC)'는 P-12 교육의 형평성과 복잡성에 직면하며 학습자의 안전과 복지를 고려하여 예비 교사와 현직 교사를 위한 '교육자 전문적 윤리 강령(Model Code of Ethics for Educators, MCEE)' 개정판을 제시하였다. 2015년 버전을 바탕으로 개정된 '교육자 전문적 윤리 강령'에서는 다음과 같은 다섯 가지 원칙을 주장하고 있다. 첫째, 교사라는 전문직에 대한 책임이다. 둘째, 전문적 역량에 대한 책임이다. 셋째, 학습자에 대한 책임이다. 넷째, 학교 공동체에 대한 책임이다. 다섯째, 책임감이 있고 윤리적인 기술 활용이다.

'교육자 전문적 윤리 강령'의 확립은 AI 시대 전문적 윤리를 가진 교육자상을 구체화해 준다. 또 교육자들에게 자율적으로 적용할 수 있는 전문성 개발 도구를 제시할 뿐만 아니라 학부모를 비롯한 일반 대중의 신뢰를 받고 교육자 집단이라는 전문직 단체의 존엄성과 위상을 제고하는 데 기여한다.

교사가 책임감을 가지고 윤리적으로 교육학적 수행을 하기 위해서는 이해와 지식뿐만 아니라 판단력도 필요하다(Sykes & Wilson, 2015). 미국 '교육평가원(Educational Testing Service, ETS)'은 '교육자 전문적 윤리 강령'을 바탕으로 30~45분 분량의 일곱 개 상호작용적 교육 모듈로 구성된 교육 프로그램인 '프로에티카(Pro-Ethica)'를 다음과 같이 개발하였다.

"모듈 1: 소개
모듈 2: 전문적 교육자
모듈 3: 전문적 교육자와 학습자
모듈 4: 전문적 교육자와 학교
모듈 5: 전문적 교육자와 공동체
모듈 6: 전문적 교육자와 기술, 디지털, 소셜 미디어
모듈 7: 전문적 교육자를 위한 윤리적 의사 결정"

머신 러닝 기술을 기반으로 개인적 맞춤형 교사 윤리 학습 플랫폼을 구축한 '프로에티카'는 다음과 같은 세 가지 특징을 가지고 있다. 첫째, 일련의 동영상, 시뮬레이션, 실제 상황에 기반한 활동을 포함한 학습 모듈로 구성되어 있으므로 현실성이 강하다. 둘째, 개인 학습을 위하여 온라인으로 쉽게 접근할 수 있기 때문에 편리성과 접근성이 높다. 셋째, 학습 진행 상황을 모니터링하고

피드백도 제공할 수 있다. 한편, '프로에티카'는 교사 전문적 윤리의 발전 단계에 따라 다양한 교사의 학습 요구를 충족할 수 있도록 기초와 심화 두 가지 수준의 서비스 콘텐츠를 개발하였다. 기초 콘텐츠는 윤리적 의사 결정의 활용에 중점을 두며, 각 모듈 학습이 끝난 후 열두 개의 질문으로 구성된 테스트를 제공한다. 심화 콘텐츠는 일상적인 실천에서 '교육자 전문적 윤리 강령'을 활용하여 윤리적 도전에 대응하는 방법 등 더욱 심화된 수준의 탐구를 진행하도록 설계되었다(苏启敏 · 陶燕琴, 2021).

다만, '프로에티카'는 유료로만 수강할 수 있기 때문에 이러한 교육 훈련을 받기 위해서 시간적 투자뿐만 아니라 금전적 투자도 해야 할 것이다. 이처럼 AI 시대에는 더 책임감이 있고 윤리적으로 AI를 활용할 수 있도록 모든 교사를 대상으로 한 전문적 윤리 관련 교육의 접근성과 포용성이 높아져야 할 것이다.

참고문헌

유인박(2024). 한국어 교사 전문성 요인 설정 연구: 수행 기준 기반의 인식 조사를 중심으로. 연세대학교 일반대학원 국어국문학과 한국어교육전공 박사학위논문.

洪明·袁笛(2023). 基于"核心与高杠杆实践"的美国教师教育改革. 比较教育研究, 400, 94~112.

苏昌敏·陶燕琴(2021).
人工智能时代美国教师专业道德守则新动向. 比较教育研究, 380, 50~59.

Ball, D. L., et al.(2009). Combining the development of practice and the practice of development in teacher education. *The Elementary School Journal, 109*, 458~474.

Educational Testing Service.
https://proethica.ets.org/lms/learning-path/20814

Glisan, E. W., & Donato, R.(2017). *Enacting the work of language instruction: High-leverage teaching practices,* ACTFL.

Glisan, E. W., & Donato, R.(2021). *Enacting the work of language instruction: High-leverage teaching practices (vol. 2),* ACTFL.

Graduate School of Education, University of Pennsylvania.
https://www.gse.upenn.edu/content/protocol-language-arts-teaching-observation-plato

Grossman, P. L., & Mcdonald, M. A.(2008). Back to the future: Direction for research in teaching and teacher education. *American Educational Research Journal, 45*(1), 184~205.

Kissau, S., et al.(2023). Different approaches, similar results: Preparing foreign language teachers to implement high-leverage teaching practices. *Foreign Language Annals*, 1~22.

National Association of State Directors of Teacher Education and Certification. *Model Code of Ethics for Educators.*
https://www.nasdtec.net/page/MCEE_Rationale?&hhsearchterms=%22mcee%22&#rescol_2052900

Sykes, G., & Wilson, S.(2015). *How teachers teach: Mapping the terrain of practice Educational Testing Service.* Educational Testing Service.

07
외국어 교사의 전문성 정책: 유럽

AI 시대에 대응하여 유럽에서 외국어 교사의 전문성을 제고하기 위하여 어떠한 노력을 기울이고 있는지를 살펴보았다. 주로 정책 문서인 '유럽 언어 교사 교육 프로파일–참조 틀', '유럽 교육자 디지털 역량 프레임워크'와 '교육자를 위한 AI와 데이터 사용 윤리 가이드라인'의 내용을 면밀히 검토하고 그 특징도 정리하였다.

AI와 윤동주?

유럽 언어 교사 교육 프로파일-참조 틀

"유럽을 비롯하여 지역별로 자격의 호환과 교류 협력을 중심으로 하는 지역 교육 공동체가 형성되고 있다. 유럽 공동체는 마스트리흐트 조약(Treaty of Maastricht) 발효 후 1994년 직업 교육을 위한 '레오나르도 다빈치 프로그램(Leonardo da Vinci Programme)'을 채택하였고, 1995년 2월에 통합 교육을 위한 '소크라테스 프로그램(Socrates Programme)'과 미래의 유럽 시민을 양성하기 위한 '청년교육 프로그램'을 채택하는 등 유럽 통합을 위한 다양한 교육 프로그램을 채택하였다"(박재윤 외, 2008). 이러한 프로그램들은 모두 외국어의 교수 · 학습을 목적으로 한 직간접적인 지원을 포함한다.

유럽 지역에서는 원활한 의사소통을 하기 위하여 외국어 교육의 중요성을 간과할 수 없다. 이러한 까닭에 2004년에 유럽연합집행위원회 교육문화총국(European Commission Directorate General for Education and Culture)에서는 『유럽 언어 교사 교육 프로파일-참조 틀(European Profile for Language Teacher Education-A Frame of Reference)』이라는 보고서를 고시하며 외국어 교사 교육의 평준화에 주력하였다. 이 보고서는 주로 21세기 유럽 초 · 중등 교육과 성인 교육에서 초임 또는 재직 외국어 교사 교육의 현황을 보고하였고 교육 정책 제정자와 외국어 교사 교육자에게 참조 틀을 제공하였다.

보고서에서는 외국어 교사 교육을 위한 프로파일 제시의 필요성을 주장하고 프로파일 개발의 근거를 설명하면서 다음과 같은 네 가지 측면에서 40개 핵심 요소를 포괄적으로 다루었다. 첫째 부분인 '외국어 교사 교육과정의 구성'에서는 언어 교사 교육의 각 구성 부분을 기술하고 이러한 각 부분을 어떻게 조직하면 바람직할지를 설명하였다. 둘째 부분인 '외국어 교육의 중심이 되는 지식과 이해'에서는 언어 교사가 알아야 할 언어 교수학적 내용 지식을 규명하였다. 셋째 부분인 '외국어 교수 · 학습 전략과 기술의 다양성'에서는 언어 교사 전문 직업인으로서 교수 · 학습 맥락에서 어떻게 실천하면 좋을지를 밝혔다. 네 번째 부분인 '언어 교육이 장려하고 증진해야 하는 가치'에서는 언어 교사가 교사 훈련을 받을 때나 외국어 교육을 통해 강화해야 할 가치관을 조명하였다.

각 부분의 구성을 살펴보면, 크게 '제목', '설명', '세부사항', '사례 연구의 예시' 및 '실제 구현 및 문제'로 되어 있다. 이처럼 대량의 사례 연구 결과와 같은 객관적 근거를 바탕으로 관련 항목 내용을 도출하였기 때문에 『유럽 언어 교사 교육 프로파일-참조 틀』은 일종의 '증거 기반 접근(Evidence-Based Approach)'이라고 말할 수 있다.

그 가운데 17번과 18번 항목은 외국어 교사의 정보통신기술(Information Communication Technology, ICT) 기술 훈련과 직결된 내용이다. 17번 항목은 '교실 교육 활동을 위한 ICT 기술 훈련'이고 18번 항목은 '개인적 계획, 조직 및 자원 발견을 위한 ICT 기술 훈련'이다. 다음으로 18번 항목의 '사례 연구의 예시' 및 '실제 구현 및 문제'를 예시로 살펴볼 것이다.

"· 프랑스 국제교육연구센터(CIEP)의 사례:

현황: CIEP 직원이 프랑스의 외국어 교사 교육기관(IUFM)을 직접 방문하여 초등 수준의 예비 교사들에게 웹사이트 '프림랑그(Primlangues)'를 소개한다. CIEP는 예비 교사들에게 사이트의 내용과 활용 방법을 보여 주고 사이트의 상호작용성을 강조하며 예비 교사들이 온라인 포럼에 참여하도록 독려한다.

관련성: CIEP는 웹사이트를 개발하고 유지 관리하는 것뿐만 아니라, 이를 홍보하고 보급하는 데에도 동등한 비중을 두고 있다. (CIEP 3.2.1 참조)

· 독일 브레멘대학교의 사례:

현황: 교사 양성 과정에서 ICT를 부가 자격(Add-On

Qualification)으로 제공하며, 예비 교사들이 사용할 수 있는 ICT 세트를 제공한다.
관련성: 학습 목적을 위한 ICT의 독립적인 사용을 가능하게 한다. (B 3.2.3 참조) (중략)

실제 구현: 예비 교사는 정보를 교환하고 아이디어를 공유하며, 개인적 계획 수립, 업무 조직, 자료 개발을 위해 ICT를 활용한다. ICT를 사용하여 업무를 관리하는 예비 교사들은 자신의 진도와 학습자의 학습 진도를 보다 효과적으로 추적할 수 있으며, 평가 및 연구 결과를 더욱 효율적으로 공유할 수 있다. ICT 활용을 통해 예비 교사들이 유럽 맥락에서 교사 교육과 언어 학습 분야의 최신 발전 동향을 파악할 수 있다. 그들은 업무를 관리하기 위해 다양한 컴퓨터 프로그램과 검색 엔진을 사용하는 방법을 배우게 되며, 동료들과의 아이디어 교환을 위해 국가적 · 국제적 차원에서 온라인 포럼을 적극적으로 활용하는 것을 권장한다. 예비 교사들은 창의적으로 수업에서 사용할 다양한 자료와 교구를 제작한다.

문제: 일부 환경에서는 예비 교사들이 ICT를 활용할 수 있는 기관 시설에 충분히 접근하지 못하는 경우가 있다. 그러

나 많은 예비 교사들이 집에서 컴퓨터 시설을 갖추고 있으며, 이를 전문적 목적으로 활용하도록 격려해야 할 것이다."

이처럼 '델파이 기법(Delphi Method)'을 활용해서 작성한 참조 틀은 사례 연구의 결과와 전문가의 의견을 수렴함으로써 보다 전면적이고 타당성과 신뢰성을 높게 평가할 만한 참고 기준을 제시하였다. 사례 연구의 예시를 제시하였기 때문에 독자들이 상대적으로 더욱 쉽게 이해할 수 있고 관련 정보를 확장적으로 접근할 수 있으며, 문제를 함께 명시하는 것도 실천 가능성을 한층 높이고 수행할 때의 어려움을 예견해 줄 수 있다. 이러한 참조 틀을 제정할 수 있는 전제는 유럽연합에서 오랫동안 언어 교사 교육, 연구를 수행해 왔고 다양한 언어 교육 관련 프레임워크 문서들을 공표하였다는 점으로 볼 수 있다.

유럽 교육자 디지털 역량 프레임워크

유럽연합집행위원회 산하 '공동연구센터(Joint Research Center)'는 2017년에 '유럽 교육자 디지털 역량 프레임워크(European Framework for the Digital Competence of Educators, DigCompEdu Framework)'를 개발하며

교육자에게 어떤 디지털 역량이 요구되는지를 규명하였다.

이 프레임워크는 교육자의 디지털 역량을 여섯 개 영역의 22개 역량으로 세분화하였다. 첫째 영역인 '전문적 참여' 영역은 '조직 간의 의사소통', '전문적 협력', '성찰적 실천', '디지털 지속 전문적 발전'을 포함한다. 둘째 영역인 '디지털 리소스' 영역은 '디지털 리소스 선택', '디지털 콘텐츠 생성 및 수정', '디지털 리소스 관리, 보호 및 공유'로 분류한다. 셋째 영역인 '교수 · 학습' 영역은 '교수', '지도', '협력 학습', '자기 조절 학습(Self-Regulated Learning)'으로 구성된다. 넷째 영역인 '평가' 영역은 '평가 전략', '증거 분석', '피드백 및 계획'으로 나뉜다. 다섯째 영역인 '학습자 임파워링(Empowering Learners)' 영역은 '접근성 및 포용성(Accessibility and Inclusion)', '차별화 및 개인화', '학습자의 적극적인 참여'로 세분화한다. 여섯째 영역인 '학습자의 디지털 역량 강화' 영역은 '정보 및 미디어 리터러시', '디지털 의사소통 및 협력', '디지털 콘텐츠 생성', '책임적 사용', '디지털 문제 해결' 등을 구체화한다. 이렇게 보면 전문적 참여는 교육자의 전문적 역량에 해당하고, 디지털 리소스, 교수 · 학습, 평가, 학습자 임파워링은 교육자의 교육학적 역량에 해당하고, 학습자의 디지털 역량 강화는 학습자의 역량에 해당한다.

2021년에 '유럽 교육자 디지털 역량 프레임워크'를 바탕으로 유럽연합에서는 교육자가 디지털 역량을 측정하거나 자기 성찰할 수 있도록 하는 자기보고식 평가 도구도 개발하였다. 이 도구는 '평가'보다 자기 성찰을 유도할 수 있도록 여섯 개 영역의 22개 역량으로 구성되며 교육자의 디지털 역량을 A1부터 C2까지 여섯 단계로 위계화하였다.

한편, '유럽 교육자 디지털 역량 프레임워크'를 바탕으로 유럽 일부 국가는 자신의 교육적 맥락에 따라 현지화된 디지털 역량 프레임워크를 제정하도록 다양한 노력을 기울였다. 예컨대, 에스토니아는 2016년에 '디지털 시대의 학습, 리더십 및 교육 기준(The Standards for Learning, Leading and Teaching in the Digital Age)'을 제정하였다. 교사들은 이 기준을 활용하여 자율 평가를 진행할 수 있을 뿐만 아니라 교사 교육 과정을 개발할 때도 이 기준을 참고한다. 크로아티아는 2016년에 '교직원(교사, 조교, 교장 및 행정 직원)을 위한 디지털 역량 프레임워크(Digital Competence Framework for Users in Schools: Teachers, Associates, Principals and

Administrative Staff)'를 제정하였다. 이 프레임워크에 의하면, 교육에서 디지털 기술을 적용하기 위한 역량은 다음 세 가지 영역으로 구성된다. 첫째, 교수 · 학습 영역이고, 둘째, 학교 맥락에서의 업무 영역이고, 셋째, 전문성 발전 및 평생 학습 영역이다. 스페인은 2017년에 '교사를 위한 공통 디지털 역량 프레임워크(Common Digital Competence Framework For Teachers)'를 개발하였다. 이 프레임워크는 아직 법적인 구속력을 가지지 않으나 현직 교사 전문성 개발의 지향성을 제시해 주고 교사 평가를 하는 데 많이 참고되기도 한다. 아일랜드는 2017년 초등 · 중등 교육 단계의 '디지털 학습 프레임워크(Digital Learning Frameworks)'와 같은 수행 기준을 제안하였고 그중 교사를 대상으로 한 기준은 '교사의 개인적 실천'과 '교사의 집단적/협력적 실천'을 예로 들 수 있다.

교육자를 위한 AI와 데이터 사용 윤리 가이드라인

교육적 맥락에서 AI를 바르게 사용하면, 교수 · 학습의 효용성을 향상할 수 있을 뿐만 아니라 학교의 행정적 운영에도 보다 효율적으로 기여할 수 있다. 그러나 교육용

AI 애플리케이션이 적절하게 설계되지 않거나 이러한 앱을 오남용하게 될 경우, 해로운 결과를 초래할 수도 있다. 이러한 AI 오용, 남용, 악용의 위험성을 인식하며 유럽의 교육자들이 공정하고 안전하게 AI를 활용할 수 있도록 2022년에 유럽연합집행위원회 '교육 · 청소년 · 스포츠 및 문화 총국(Directorate-General for Education, Youth, Sport and Culture)'은 『교육자를 위한 AI와 데이터 사용 윤리 가이드라인(Ethical Guidelines on the Use of Artificial Intelligence (AI) and Data in Teaching and Learning for Educators)』을 발표하였다. 이는 교육 현장에서 교육자들이 책임감이 있고 긍정적인 방식으로 AI를 활용할 수 있도록 보장하기 위한 필수 요건이라 할 수 있다.

『교육자를 위한 AI와 데이터 사용 윤리 가이드라인』은 '인간 주체성(Human Agency)', '공정성(Fairness)', '인간성(Humanity)', '정당한 선택(Justified Choice)' 등 네 가지 핵심 요소를 바탕으로 '인간 주체성과 감독', '투명성', '다양성 · 차별 금지 · 공정성', '사회적 및 환경적 웰빙', '개인정보 보호 및 데이터 거버넌스', '기술적 견고성과 안전성', '책무성' 등 일곱 가지 영역에서 교육자들에게 가이드라인 질문을 제공하였는데 이러한 질문을 활용함으로써 교육자들이 AI 도구를 선택하거나 활용할 때 경계 의식을 제고하고 자기 성찰을 할 수 있게 될 것이다.

유럽의 교육자들은 더욱 효용적으로 AI를 활용할 수 있도록 다음과 같은 세 가지 방향을 주장하였다. 첫째, 학교에서 AI와 데이터를 효용적으로 활용할 수 있도록 종합적이고 체계적인 계획을 수립해야 할 것이다. 둘째, 다양한 활동을 통해 교육 공동체의 인식을 제고하며 공동체 참여를 유도 · 격려해야 할 것이다. 셋째, AI와 데이터를 윤리적으로 사용할 수 있도록 '유럽 교육자 디지털 역량 프레임워크'를 바탕으로 새로운 역량 프레임워크를 연구 · 개발해야 할 것이다.

참고문헌

박재윤 외(2008). 『세계화 시대의 교육제도 발전방안 연구』. 한국교육개발원.

유인박(2024). 한국어 교사 전문성 요인 설정 연구: 수행 기준 기반의 인식 조사를 중심으로. 연세대학교 일반대학원 국어국문학과 한국어교육전공 박사학위논문.

DGEAC(Directorate-General for Education, Youth, Sport and Culture)(2022). *Ethical guidelines on the use of artificial intelligence (AI) and data in teaching and learning for educators*. Publications Office of the European Union.

European Education and Culture Executive Agency: Eurydice. (2019). *Digital education at school in Europe.* Publications Office of the European Union.

Michael, K., et al.(2004). *European profile for language teacher education: A frame of reference*, European Commission Directorate General for Education and Culture.

Punie, Y., editor(s), & Redecker, C.(2017). *European Framework for the Digital Competence of Educators: DigCompEdu.* EUR 28775 EN. Publications Office of the European Union, Luxembourg.

08
외국어 교사의 전문성 정책: 중국

중국은 표준화에 대한 법제화 측면에서 선도적인 국가 이미지를 가진다. AI 시대에 중국이 '외국어로서의 중국어 교육' 맥락에서 중국어 교사의 전문성을 어떻게 표상하고 규정하고 있는지를 검토할 필요가 있다. 이를 위해 '국제 중국어 교사 전문적 능력 기준'과 '국제 중국어 교사 전문적 능력 등급화 인정 규정'의 내용을 살펴보며 그 특징을 제시하였다.

AI와 한의학?

국제 중국어 교사 전문적 능력 기준

중국에서는 1988년에 「중화인민공화국표준화법(中華人民共和國標準化法)」이 출범되었는데 이를 근거하여 모든 공교육에서도 적극적으로 교육 표준화에 동참해 오고 있다. 먼저, 중국 교육부는 2018년부터 「교육 표준화 개선에 대한 지도 의견(教育部關于完善教育標準化工作的指導意見)」을 공표하면서 정부 차원에서 교육 분야의 표준화를 전면적으로 촉진한다. 그 결과, 2012년부터 「중화인민공화국교사법(中華人民共和國教師法)」, 「중화인민공화국의무교육법(中華人民共和國義務教育法)」 등 법리적 근거를 결합하여 '유치원 교사 전문성 수행 기준(시안)', '초등 교사 전문성 수행 기준(시안)', '중고등학교 교사 전문성 수행 기준(시안)'을 제정하였다. 한편, 외국어 교육 분야에서 '대학교 외국어 교사를 위한 전문적 역량 기준'도 마련되었다. 이러한 교사 전문성 수행 기준은 합격 교사에 대한 기본적 요건을 명문화하며, 바람직한 교사의 교수학적 행위를 규범화하며, 교사 전문성 개발의 지향성을 명시화함으로써 교사 평가의 역할을 하고 있다.

중국은 외국어로서의 중국어 교육 분야에서도 교사 전문성을 중요시해 왔다. '중국 국가 중국어 국제 보급

영도 소조 사무실(中國國家漢語國際推廣領導小組辦公室)'은 국내외 300여 명의 중국어 교육 전문가들을 섭외하여 테솔(TESOL) 등 제2 언어 습득이나 교사 관련 연구의 최신 동향, 외국어로서의 중국어 교사의 실천적 경험을 종합적으로 논의하고 2007년에 처음으로 '국제 한어 교사 기준(國際漢語教師標準)'을 제정하여 반포하였다.

이어서 2012년에는 3년을 거친 개정판도 출간하였다. 2022년에는 중국 교육부가 주도하여 13개 국가의 28개 고등 교육기관, 사회단체, 기업 등과 협력하여 2012년 버전의 교사 기준을 바탕으로 세계중국어교육학회(The International Society for Chinese Language Teaching)에서 『국제 중국어 교사 전문적 능력 기준(國際中文教師專業能力標準)(T/ISCLT 001-2022)』이라는 '단체 기준(Association Standards)'을 새로 도출하였다. 이 기준은 3년에 거쳐 300여 명의 국내외 전문가, 5000여 명의 현직 교사, 100여 개 중국어 교사 양성 기관의 의견을 수렴하여, 100여 차례의 협의회를 거쳐 기준의 세부적 내용을 충분히 논증하였다. 더불어 이 기준 문서는 세계중국어교육학회의 표준화위원회, 중국표준화기구 및 국제표준화기구의 검정도 받았다고 밝힌다.

『국제 중국어 교사 전문적 능력 기준(2022)』은 '① 스

승으로서의 도덕이 우선이다, ② 리터러시를 기본으로 한다, ③ 학습자 중심이다, ④ 다문화 커뮤니케이션 역량을 갖춘다, ⑤ 협력을 중요시한다, ⑥ 평생 학습한다'와 같은 여섯 가지 기본 이념에 중점을 두어 내용을 개발하였다. 또 문서의 형식적 측면에서는 서언, 범위, 규범적 인용 문서, 용어 및 정의, 기본 이념, 기본 내용, 실행 권장 사항, 부록의 순으로 구성된다. 크게 상위 기준(1급 지표) 5개, 하위 기준(2급 지표) 16개를 설정하고 각 하위 기준도 3~7개 구체적 내용으로 범주화한다.

그중 AI나 정보통신기술(ICT)과 관련된 열 번째 2급 지표인 '기준 3. 전문적 기술 3.4. 교육공학적 기술'을 예를 들어 살펴보고자 한다.

> "3.4.1. 선진 과학 기술을 외국어로서의 중국어 교육에 적용하는 데 최신 연구 동향을 파악하고, 중국어 교육에서 교육공학적 기술의 본질적 역할을 이해하고, 정보통신기술과 중국어 교수 과정을 깊이 융합하는 사고를 가진다.
> 3.4.2. 교육 목표, 교육 내용, 학습자 특성에 맞춰서 적합한 정보화 교육공학적 기술을 선택할 수 있다.
> 3.4.3. 일반적 정보화 교육 시설의 사용 방법을 이해하고 정보화 기술을 활용하여 교육 콘텐츠를 설계하고 제작하는 능

력을 함양한다.

3.4.4. 온라인 교육 자원을 검색하고 수집하고 선택할 수 있고 실제 교육에서 데이터베이스를 활용하는 능력을 함양한다.

3.4.5. 온라인 플랫폼을 활용하여 온라인, 혹은 온·오프라인으로 중국어를 교육하고 관리할 수 있다.

3.4.6. 데이터베이스를 구축할 때 특히, 현지화, 전문화를 실현하고 활용하는 데 혁신 의식을 가진다.

3.4.7. 기본적 디지털 윤리 의식을 갖추고 저작권을 보호하는 것을 명확히 알고 타인의 개인정보를 존중하고 개인정보 보안을 중요시한다."

이처럼 『국제 중국어 교사 전문적 능력 기준(2022)』은 일곱 개 하위 기준을 통해 중국어 교사들에게 요구되는 교육공학적 기술을 상세히 설명하였다. 구체적으로 살펴보면, 인지적 차원, 기술적 차원, 윤리적 차원에서 보다 폭넓게 교육공학적 기술 활용을 안내해 주고 있음을 알 수 있다.

국제 중국어 교사 전문적 능력 등급화 인정 규정

『국제 중국어 교사 전문적 능력 기준(2022)』의 부록에서는 『국제 중국어 교사 전문적 능력 등급화 인정 규정(國際中文教師專業能力分級認定規範)』도 함께 제시하면서 국제 중국어 교사 전문적 능력을 초급, 중급, 고급 세 단계로 분류하였다. 초급 교사는 합격한 초임 교사다. 중급 교사는 강의 경력이 상대적으로 풍부한 교사로, 교직의 발전 단계에서 숙련 교사로 설정된다. 고급 교사는 앞 두 집단을 바탕으로 더욱 높은 단계로 설정되고 다른 교사를 지도할 수 있는 경력과 능력을 겸비한 연구형, 전문가 교사로 이해할 수 있다.

『국제 중국어 교사 전문적 능력 등급화 인정 규정』의 평가 지표 체계는 크게 다섯 가지 모듈, 14개 1급 평가 지표, 30개 2급 평가 지표로 구성되었고 다섯 가지 모듈은 『국제 중국어 교사 전문적 능력 기준(2022)』의 다섯 가지 상위 기준과 일치한다. 14개 1급 평가 지표는 『국제 중국어 교사 전문적 능력 기준(2022)』의 16개 하위 기준을 재구성한 것이다. 또 초 · 중급 교사 자격을 인정하는 데 2급 평가 지표까지 활용하는 반면 고급 교사 자격을 인정하는 데는 1급 평가 지표만 활용한다고 명시하였다.

그 가운데 교육공학적 기술과 관련된 초급, 중급, 고급 교사의 평가 지표는 다음과 같이 비교할 수 있다.

"A.2.1. 초급

A.2.1.3.3. 교육공학적 기술

A.2.1.3.3.1. 정보화 교육 능력

a) 중국어 교육에서 교육공학적 기술의 역할을 이해할 수 있고, 정보통신기술과 중국어 교수 과정을 깊이 융합하는 의식을 가진다.

b) 교육 목표, 교육 내용, 학습자 특성에 맞춰서 적합한 정보화 교육공학적 기술을 선택할 수 있다.

c) 일반적 정보화 교육 시설의 사용 방법을 이해하고 정보화 기술을 활용하여 교육 콘텐츠를 설계하고 제작하는 능력을 함양한다.

A.2.1.3.3.2. 인터넷 자원 활용 및 온라인 교육 능력

a) 온라인 교육 자원을 검색하고 수집하고 선택할 수 있고 실제 교육에서 데이터베이스를 활용하는 능력을 함양한다.

b) 온라인 플랫폼을 활용하여 온라인, 혹은 온 · 오프라인으로 중국어를 교육하고 관리할 수 있다.

A.2.2. 중급

A.2.2.3.3. 교육공학적 기술

A.2.2.3.3.1. 정보화 교육 능력

교육공학적 기술 관련 지식과 기능을 지속적으로 업데이트

할 수 있다.

A.2.2.3.3.2. 인터넷 자원 활용 및 온라인 교육 능력

인터넷 자원을 활용한 교육 능력을 지속적으로 향상할 수 있다.

A.2.3. 고급

A.2.3.3.3. 교육공학적 기술

초급과 중급 교사들에게 정보화 교육에 대한 지도적 제안을 제공할 수 있다."

이처럼 해당 규정은 중국어 교사의 전문성 발전 단계에 따라 교육공학적 기술을 어떻게 평가하고 있는지 생생하게 보여 주고 있다. 초급 교사 평가 지표의 경우에는 앞서 언급된 '기준 3. 전문적 기술 3.4. 교육공학적 기술'의 하위 기준 3.4.1.~3.4.5.와 대응시킨다. 왜냐하면 3.4.6.과 3.4.7.의 경우, 혁신 의식과 개인정보 보호 의식과 같은 내용을 관찰할 수 있는 수행으로 포착하기 어렵기 때문이다. 중급 교사 평가 지표는 '정보화 교육 능력'과 '인터넷 자원 활용 및 온라인 교육 능력'의 지속적 향상만 강조하고 있는데 상대적으로 포괄적으로 기술되어 있다. 이는 중급 교사의 경우, 기초적인 지식, 기술, 태도

의 함양보다는 전문성의 지속적 발전, 평생 학습을 더욱 강조한다는 점을 알 수 있다. 마지막으로 고급 교사 평가 지표는 고급 교사가 초급과 중급 교사에게 지도적 제안을 제공할 수 있는 조력자 역할을 강조하고 교사 공동체에서의 전문적 참여와 기여를 중요시한다.

참고문헌

김현철 외 편역(2021). 『국제 중문 교육 중문 수준 등급 표준』. 연세대학교출판부.

유인박(2024). 한국어 교사 전문성 요인 설정 연구: 수행 기준 기반의 인식 조사를 중심으로. 연세대학교 일반대학원 국어국문학과 한국어교육전공 박사학위논문.

世界汉语教学学会(2022). 『国际中文教师专业能力标准(T/ISCLT001-2022)(Professional Competence Standards for International Chinese Language Teachers)』. 世界汉语教学学会.

王嘉毅(2011). 教师专业标准的意义与作用. 中华人民共和国教育部. http://www.moe.gov.cn/jyb_xwfb/gzdt_gzdt/moe_1485/201112/t20111214_127997.html

徐浩·张虹(2024). 「高校外语教师专业素养标准」阐释-研制背景、过程与特色. 外语教育研究前沿, 7(2), 11～19.

张虹·徐浩(2024). 「高校外语教师专业素养标准」的确立依据及其内涵解读. 外语教育研究前沿, 7(2), 20～28.

中华人民共和国教育部(2012).『国际汉语教师标准』.
中华人民共和国教育部.
中华人民共和国教育部(2018).
教育部关于完善教育标准化工作的指导意见.
http://www.moe.gov.cn/srcsite/A02/s7049/201811/t20181126_361499.html
中华人民共和国教育部师范教育司(2003).
『教师专业化的理论与实践』. 人民教育出版社.

09
외국어 교사의 전문성 정책: 일본

단일 민족으로 구성되고 살아왔던 이웃 나라인 일본도 한국과 마찬가지로 다문화 사회에 급격히 진입하였다. '외국어로서의 일본어 교육' 맥락에서 일본어 교사의 전문성을 어떤 방식으로 정의하고 있는지를 살펴보기 위하여 'AI 전략 2022', '일본어 교육 인력 전문성 수행 기준'과 '일본어 교사 지도력 평가'를 중심으로 소개하고 그 동향을 파악하였다.

AI와 화장품?

AI 전략 2022

2019년 3월, 일본 정부는 '인간 중심의 AI 사회 원칙'을 정립하였다. 즉, AI의 발전에 따라 지향하는 사회의 모습, 다자간 협력 체계, 국가 및 지방 행정 기관 등이 나아가야 할 방향을 명시하였다. 구체적으로 다음과 같은 세 가지 이념을 합의하였다. 첫째, 인간의 존엄성이 존중되는 사회다(Dignity). 둘째, 다양한 배경을 가진 사람들이 각자의 행복을 다양하게 추구할 수 있는 사회다(Diversity & Inclusion). 셋째, 지속적으로 발전 가능한 사회다(Sustainability).

2022년 4월, 일본 정부는 제11회 통합혁신전략추진회의에서 사회적 과제 해결과 산업경쟁력 향상을 목표로 삼은 『AI 전략 2022』를 발표하였다. 『AI 전략 2022』는 '인간 중심의 AI 사회 원칙'에서 제시된 세 가지 이념을 바탕으로 네 가지 전략 목표를 세웠다. 첫째, 시대적 요구에 부응하는 인재 육성 체계를 구축하며 AI 시대에 대응할 수 있는 인재를 양성한다. 둘째, AI 기술 활용하여 산업 경쟁력을 강화하고 일본을 글로벌 산업의 선도 국가로 성장시킨다. 셋째, 다양성 존중과 지속 가능한 발전을 이루는 사회를 구현하기 위하여 통합된 AI 기술 체계와 운영 메커니즘을 확립한다. 넷째, 선도적인 역할을 발휘하여 국제적인 AI 연구, 교육 및 사회 기반의 네트워크를 구축하고 AI의 연구 개발, 인재 육성, 지속 가능 발전 목표(SDGs)의 실현 등을 가속화한다.

『AI 전략 2022』에서 교육 개혁도 논의되었는데 구체적으로 다음과 같은 세부 목표를 수립하였다. 매년 데이터 과학과 AI 기술 분야의 전문 인재 25만 명, 혁신적 인재 2000명(그중 최상위급 인재 100명)을 양성하며, 수리, 데이터 과학, AI를 함양하는 '리커런트 교육(Recurrent Education)'을 여성을 포함한 많은 사회인(연간 약 100만 명)에게 실시하며, 유학생들이 데이터 과학, AI 등을 배울 기회를 확대한다는 것이다. 물론 외국어 교육과 같은 교과교육 분야에 관한 세부 교육 개혁 지침은 아직 나오지 않았다. 하지만 이러한 거시적 AI 시대의 교육 개혁 방향과 구체적 추진 계획을 통해 AI 시대 외국어 교육 분야의 개혁과 일본어 교사의 변혁적 모습을 기대할 수 있을 것이다.

일본어 교육 인력의 전문성

"한국어와 일본어 모두 외국어로서 자국어 교육과정에는 기본적으로 다언어주의(Multilingualism), 상호문화주의(Interculturalism)를 전제하고 바람직한 가치로서 성장하고 있다"는 점과 "비교적 단일한 민족 구성을 이루고 살아왔던 한국과 일본에서 다문화 사회로의 급격한 진입이라는 시대적 요구를 반영한다"는 점(류경희, 2023)을 고려할 때, AI 시대 일본어 교사 전문성 관련 정책을 고찰할 필요가 있어 보인다.

외국어로서의 일본어 교육에 대한 본격적인 논의는 2008년부터 시작되었다. 그 후 일본 문화청 '문화심의회 국어분과회 일본어교육소위원회(文化審議会国語分科会日本語教育小委員会, 이하 소위원회)'에서 '주민으로서의 외국인'을 위한 '일본어 교육의 표준 교육과정(2010)', '표준 교육과정에 대한 가이드북(2011)', '표준 교육과정의 교재 예시집(2012)'을 개발하였다. 2018년에 소위원회는 외국어로서의 일본어 교육 맥락에서 일본어 교육 인력을 '일본어 교사', '일본어 교육 코디네이터', '일본어 학습 지원자' 총 세 가지로 구별하고 있다. 그중 일본어 교사는 다시 전문성 발전 단계에 따라 양성, 초임, 중견 세 가지로 구분하고 있다. 일본어 교사를 목표로 일본어 교사 양성 과정 등에서 배우는 사람은 '일본어 양성 교사'라 하고 예비 교사의 개념으로 이해할 수 있다. 일본어 교사 양성 과정을 이수한 후, 각각의 활동 분야에서 0~3년 정도 일본어 교육 경력을 가진 사람은 '일본어 초임 교사'로 칭한다. 일본어 교사로서 초급에서 고급까지 2400 단위시간 이상(3~5년 정도)의 교육 경험을 가진 사람은 '일본어 중견 교사'로 정의한다.

일본에서는 일본어 교육 인력의 전문성을 보장하기 위하여 주로 다음과 같은 두 가지 측면에서 노력을 기울였다. 하나는 일본어 교육 인력의 전문성을 규명하는 연구를 수행하는 것이고, 다른 하나는 '일본어교육능력검정시험(日本語教育能力検定試験)', '일본어교사자격증(日本語教師検定)'과 같은 제도를 마련하는 것이다. 2000년에 개최된 '일본어 교원 양성에 관한 조사연구 협력자 회의(日本語教員の養成に関する調査研究協力者会議)'에서 일본어 교육 전문가로서 갖추어야 할 능력은 다음과 같이 제시하였다.

"일본어 교육이란 서로 가르치고 배우는 실제적인 커뮤니케이션 활동이라고 할 수 있으며, 새롭게 제시하는 교육 내용의 근간을 이루는 것이다. 새롭게 제시하는 교육 내용의 영역은 '사회 · 문화에 관한 영역', '교육에 관한 영역', '언어에 관한 영역'의 세 가지로 구성되어 있다. 명확한 선 긋기는 하지 않고, 우선순위도 정하지 않는다. 그 영역의 구분으로 '사회 · 문화 · 지역', '언어와 사회', '언어와 심리', '언어와 교육', '언어' 등의 다섯 가지를 둔다."

－소위원회(文化審議会国語分科会日本語教育小委員会, 2017)에서 발췌

이어서 소위원회(2018:17)에서 양성 교사, 초임 교사, 중견 교사와 같은 단계별 일본어 교사의 전문성에 대해 명시적으로 세분화하였다. 전문성 발전 단계가 높아질수록 일본어 교사의 교육학적 수행의 수준이 점차 높아지고 수행의 범위도 넓어질 것이 요구된다. 그뿐만 아니라 이상적이고 기대되는 교사상의 면에서, 실제 교육 현장에 들어가지 않는 '일본어 양성 교사'는 순수 기능인 역할로 기대되고 정해진 일본어 교육 프로그램에 근거하여 일본어 지도만 가능하면 되는 반면에 '일본어 중견 교사'는 충분한 경험을 바탕으로 학습자의 요구에 따라 일본어 교육 프로그램을 개발할 수 있고 보다 창의성을 가진 교육학적 활동을 수행하는 것이 기대된다.

일본어 교육 인력 전문성 수행 기준

소위원회에서는 일본어 교육 인력의 전문성을 더욱 구체적으로 규명하기 위하여 2018년에 '역할 · 단계 · 활동 분야별 일본어 교육 인력에 요구되는 전문성 수행 기준

(이하 일본어 교육 인력 전문성 수행 기준)'을 명문화하였다. 일본어 교육 인력 전문성 수행 기준은 총 여덟 가지로 세분화한다. 각 기준은 '지식, 기능, 태도'와 같은 세 가지 영역으로 동일하게 구성되어 있다는 점이 특징적이다. 일본어 교사(양성 · 초임 · 중견) 전문성 수행 기준은 기준 9개 이내, 세부 기준 28개 이내로 제시된다. 초임 및 중견 교사의 전문성 수행 기준은 양성 교사 전문성 수행 기준을 바탕으로 추가한 것이다. 따라서 양성 교사 전문성 수행 기준의 세부 기준은 상대적으로 많은 반면 초임 교사와 중견 교사의 전문성 수행 기준은 17~18개 세부 기준으로 보다 간략하게 기술되어 있다. 일본어 코디네이터, 학습 지원자의 전문성 수행 기준은 영역 및 세부 기준과 같은 이원 구조로 되어 있는데 상대적 유연성을 보여 주고 있다. 한편, 각 기준 사이를 연결함으로써 교사의 전문성 발전 단계(양성 · 초임 · 중견 교사→코디네이터)에 따라 교사 전문성 수준의 심화와 전문성 활동 범위의 확장을 생생하게 보여 주고 있다.

일본어 교육 인력 전문성 수행 기준에서는 AI나 정보통신기술(ICT)와 관련된 내용도 광범위하게 언급하여 포함하고 있다. 예컨대, '일본어 초임 교사에게 요구되는 전문성 수행 기준(활동 분야: 유학생 대상)'에서 관련 내용을 발췌하면 다음과 같다.

"지식: 1. 유학생에 대한 지도의 전제가 되는 지식

(3) ICT 등의 다양한 도구를 활용한 지도를 실시하는 데 필요한 지식을 가지고 있다.

기능: 1. 교육 실천을 위한 기술

(4) ICT 등의 다양한 도구를 활용한 효과적인 교육을 실천할 수 있다."

이처럼 일본어 교육과정에서 교육학적 수행을 하는 데 필수적인 지식과 기능 중에서, 정보통신기술(ICT)과 관련된 내용을 중점적으로 언급하고 있다. 이를 통해 정보통신기술 활용 맥락이 교사의 수업 전문성을 반영한 교육학적 수행에 국한되어 있음을 알 수 있다. 그러나 교사의 전인적 전문성, 환언하면 수업 외에 전문적 참여와 같은 교사 전문성 개발 측면에서는 정보통신기술 활용이 강조되지 않았다는 점도 확인할 수 있다.

일본어 교사 지도력 평가

소위원회에서 2013년에는 '일본어교육능력검정시험'과

'일본어교사자격증'에서 요구되는 기본 지식 이외의 내용을 명시하기 위하여 '일본어 교사 지도력 평가(2013)' 관련 기준을 고시하였다. 구체적으로 교사들이 '지도력 평가에 관한 체크시트'를 활용하여 자신의 지도력이 어느 수준에 위치하고 있는지를 자율적으로 평가할 수 있다. 소위원회에서는 자율 평가 방법을 안내하기 위하여 '지도력 평가 안내서'도 마련하였고 교사들이 자신의 '지도력 평가에 관한 포트폴리오'를 작성하는 것을 격려함으로써 일본어 교육의 질적 향상에 직간접적으로 기여할 수 있다.

'일본어 교사 지도력 평가(2013)'는 '일본어 교육 프로그램 계획-실시-점검-개선(PDCA) 사이클'의 네 가지 단계를 통해 구현되는데 이를 다시 6개 영역, 14개 상위 기준, 34개 하위 기준, 113개 세부 기준으로 유목화(類目化)하고 있다. 각 단계의 평가 항목은 단독적으로 모듈화될 수 있으므로 일본어 교사가 자신의 수요에 맞춰 융통성 있게 부분적으로 추려서 적용할 수도 있다. 그중에서 AI나 ICT와 관련된 내용은 다음과 같이 예를 들 수 있다.

"단계 1. 계획 1. 지역 및 외국인의 상황 파악

(1) 지역 외국인의 상황과 학습자의 상황을 파악하고 있다.

5) 학습자의 학습 환경(사전이나 오디오 기기 · PC 등을 소유하고 있는지, 일본어 학습에 협력해 주는 사람이 있는지, 어느 정도 일본어 학습에 시간을 할애하는지 등)을 파악하고 있다."

이처럼, '일본어 교사 지도력 평가(2013)'에서는 AI나 ICT를 많이 다루지는 않고 학습 환경을 조사하여 파악하는 데만 언급하였음을 알 수 있다. 이는 '일본어 교사 지도력 평가(2013)'가 일본어 교사가 일본어 수업의 지도력, 강의력에 중점을 두고 있으며 교사 지식이나 구체적 AI 도구나 ICT 기술과 관련된 내용에는 지면을 할애하지 않기 때문이다.

일본 사례를 정리하자면, 첫째, 교사 전문성 수행 기준 제정의 주체는 정부 주도의 전담 기관인 '문화심의회 국어분과회 일본어교육소위원회'다. 둘째, 교사 전문성 수행 기준의 세분화 정도 측면에서 '일본어 교육 인력 전문성 수행 기준(2018)'은 역할 · 단계 · 활동 분야에 따라 여덟 가지로 세분화하였는데 세분화 정도가 상당히 높다고 할 수 있다. 이는 일본어 교사, 일본어 학습자, 일본어 교육과정의 세분화 정도가 높다는 것을 의미할 뿐만 아니라 일본어 교육의 분업화 정도도 높다는 것을 시사한다. 셋째, 교사 전문성 수행 기준의 구성 측면에서 '일본어 교육 인력 전문성 수행 기준(2018)'은 지식, 기술, 태도 등의 세 가지 영역으로 나뉘고 각 영역 '기준-세부 기준'과 같이 이원적으로 진술된다. '일본어 교사 지도력 평가(2013)'는 '단계-영역-상위 기준-하위 기준-세부 기준'과 같이 다섯 가지 층위로 세분화한다. 넷째, 교사 전문성 수행 기준의 성격 측면에서 '일본어 교육 인력 전문성 수행 기준(2018)'과 '일본어 교사 지도력 평가(2013)'는 강제적 구속력을 가진 평가 도구가 아니고 일본어 교사들이 자신의 상황에 맞춰 자율적으로 적용하는 평가 도구라는 성격을 가진다. 다섯째, 교사 전문성 수행 기준의 내용 측면에서 '일본어 교육 인력 전문성 수행 기준(2018)'은 일본어 학습자의 사회 참여, 사회 연결 등을 강조함으로써 사회적 구성주의를 반영할 뿐만 아니라 일본어 교육의 도구적 기능을 하는 데 그치지 않고 사회 통합적 기능의 중요성도 함께 나타낸다. 또 교육학적 수행의 측면에서 일본어 교사의 AI나 ICT 활용 능력을 언급하였으나 전문성 발전 측면에서의 AI나 ICT 활용 능력과 윤리적 문제를 언급하지 않았다는 아쉬움을 가진다. '일본어 교사 지도력 평가(2013)'도 마찬가지로 일본어 수업에서 일본어 교사의 지도력, 강의력에 중점을 두고 있으나 AI나 ICT 활용을 평가 대상으로 삼지는 않았다. 한편, 구체적 내용 항목 간의 상호 연결과 교사 평가 도구 등 정책 문서와의 외부적 연결도 긴밀하게 구조화하고 있음을 확인할 수 있다.

참고문헌

유인박(2024). 한국어 교사 전문성 요인 설정 연구: 수행 기준 기반의 인식 조사를 중심으로. 연세대학교 일반대학원 국어국문학과 한국어교육전공 박사학위논문.

류경희(2023). 외국어로서의 한일 자국어 교육정책 비교 연구: 법제화 과정을 중심으로. ≪Foreign Languages Education≫, 111-130쪽.

統合イノベーション戦略推進会議(2022).『AI戦略2022』. https://www8.cao.go.jp/cstp/ai/aistrategy2022_honbun

文化審議会国語分科会日本語教育小委員会(2000).『日本語教育のための教員養成について(日本語教員の養成に関する調査研究協力者会議)』. 文化審議会国語分科会日本語教育小委員会.

文化審議会国語分科会日本語教育小委員会(2013).『「生活者としての外国人」に対する日本語教育における指導力評価について』. 文化審議会国語分科会日本語教育小委員会.

文化審議会国語分科会日本語教育小委員会(2014).『日本語教育の推進に当たっての主な論点に関する意見の整

理について(報告)』.
文化審議会国語分科会日本語教育小委員会.
文化審議会国語分科会日本語教育小委員会(2017).
『日本語教員の資質・能力に関するこれまでの議論概要』.
文化審議会国語分科会日本語教育小委員会.
文化審議会国語分科会日本語教育小委員会(2018).
『日本語教育人材の養成・研修の在り方について(報告)』.
文化審議会国語分科会日本語教育小委員会.
文化審議会国語分科会日本語教育小委員会(2021).
『日本語教育の参照枠報告』.
文化審議会国語分科会日本語教育小委員会.
文化庁国語課(2022).『国内の日本語教育の概要』. 文化庁国語課.

10
한국어 교사의 전문성 발전 방안

AI 시대에 한국어 교사의 전문성은 어떻게 발전하면 바람직할 것인가? '한국어 교사 전문성의 요인 구조'를 밝힌 후 교사 전문성을 표상할 수 있는 '지식 기반 접근', '역량 기반 접근', '수행 기준 기반 접근' 세 가지 접근 방식을 비교하면서 소개한다. 더불어 AI 시대 한국어 교사 전문성 개발의 방향성을 제시한다.

종교와 AI?

한국어 교사 전문성의 요인 구조

AI 시대 한국어 교사의 전문성은 무엇으로 표상할 것인가? '기능적 요소주의(Elemental Functionalism)' 관점에서 출발하여, 유인박은 한국어 교사 집단을 대상으로 한국어 교사 전문성에 대한 '진술적 메타인지(Declarative Metacognitive Knowledge)'를 조사하고, 그 결과를 바탕으로 한국어 교사 전문성의 요인 체계를 구조화한 바 있다. 이렇게 요인 분석을 통해 한국어 교사 전문성 요인을 범주화한 결과는 크게 네 가지 영역으로 제시할 수 있다.

첫째, '언어 · 문화 다양성 요인', '평생 협력 학습 요인', '교육 공동체의 규약 요인', '학습자의 사회 연결 요인' 등 네 개 요인을 대표로 한 '전문적 가치 영역(Professional Value Domain)'이다. '전문적 가치 영역'은 한국어 교사 전문성을 표상하는 데 가치론적 역할을 하며, 한국어 교사는 전문직으로서, 한국어 교육 연구 공동체의 일원으로서 이러한 가치를 인정하며 지키면서 교육학적 수행과 전문성 발전 수행을 해야 할 것이다. 구체적으로 한국어 교사들의 '언어 · 문화 다양성 요인'에 대한 인식과 감수성은 상대적으로 높다. 더불어, 다른 교과 교사의 전문성과 달리 '언어 · 문화 다양성 요인'이 한국어 교사의 전문적 가치에 대한 설명력도 가장 높고 중요하다. '평생 협력 학습 요인'은 한국어 교사 전문성의 자율성, 역동성, 맥락 의존성이라는 특성을 잘 반영하고 있을 뿐 아니라 전문적인 한국어 교사의 학습 양상도 제시해 준다. 특히 역동적이고 다변화되는 AI 시대에 맞춰 한국어 교사도 평생 협력 학습에 대한 신념을 갖추고 자신의 전문성을 끊임없이 발전시켜 나가야 AI 시대 전문 직업인으로서의 능동성과 주체성을 가질 수 있다. 한편, 전문성을 갖춘 한국어 교사라면 학교와 같은 '교육 공동체의 규약'을 잘 숙지하여 준수할 것도 기대된다. AI 시대에는 교육 법적 규범과 교육기관의 학칙뿐 아니라 AI 도구를 활용하는 데 윤리적 규약까지도 지켜야 할 것이다. 마지막으로 '학습자의 사회 연결'이라는 가치도 전인 교육적 지향에 부합한다. AI 시대에 한국어 교사는 가상 현실과 같은 시공간에서 한국어 학습자의 사회화를 추진할 뿐 아니라 현실적 한국어 교육 현장에서 형평성, 공평성, AI 도구와의 접근성 등도 종합적으로 다룰 의지가 필요할 것이다. 이처럼 '학습자의 사회 연결'이라는 전문적 가치는 다음과 같은 두 가지 심층적 함의를 내포하고 있다. 하나는 한국어 교사가 한국어 학습자를 세계 시민, 즉 다문화 사회인 한국 사회의 사회인뿐 아니라 더 넓은 세계시민

사회의 사회인으로 간주해야 한다는 인간관, 학습자관을 취해야 한다는 것이다. 다른 하나는 한국어 교사가 한국어의 도구적 가치와 기능을 강조하면서도 사회 통합적 기능을 중요시해야 한다는 것이다. 여기서 사회 통합적 기능이란 현실적인 다문화 사회인 한국 사회, 국제적 세계시민사회, AI 도구를 통해 구성된 가상 현실의 사회 등 다양한 층위의 사회를 포함한다는 점을 강조하고자 한다.

둘째, '한국어 교육 연구 지식 요인', '한국어 교육 내용 · 교수 지식 요인', '일반 교육학적 지식 요인' 등 세 가지 요인으로 범주화할 수 있는 '전문적 지식 영역(Professional Knowledge Domain)'이다. '전문적 지식 영역'은 한국어 교사 전문성을 표상하는 데 인식론적 역할을 하며, 전문성을 가진 한국어 교사라고 한다면, 당위적으로 이러한 전문적 지식을 갖출 것으로 기대된다. 또 '한국어 교육 연구 지식 요인', '한국어 교육 내용 · 교수 지식 요인'은 한국어 교사가 다른 교과 교사와 차별화할 수 있는 인식론적 요인이라 할 수 있다. 한국어 교사의 전문적 지식을 표상하는 데 '한국어 교육 연구 지식 요인'의 설명력이 가장 높았으나 현실적으로 '한국어 교육 연구 지식'의 중요성을 인식하지 않은 경우가 많다. 한국어 교실에서의 교육학적 현상을 학리적 연구 문제로 구상하고 연구를 수행하며 연구 결과를 공유할 수 있는 것은 AI 시대 한국어 교사에게 요구되는 바다. '한국어 교육 내용 · 교수 지식 요인'은 다른 교과 교사와 달리 한국어 교사 공동체가 공유하는 가장 핵심적인 전문적 지식이라고 할 수 있다. AI 시대에는 '한국어 교육 내용 · 교수 지식 요인'에서 특히 교수 지식 중 교육 목표에 맞게 AI 도구의 적절하고 윤리적인 활용에 관한 새로운 지식을 창출하여 검토하며 공유할 필요성이 느껴진다. 마지막으로 '일반 교육학적 지식 요인'은 다른 직종과 구별되되 다른 교과 교사와 공유하는 일반적인 교육학적 지식으로 이해할 수 있다. AI 시대에는 교사와 학습자가 AI 도구 활용(동기, 기술, 효과 등), AI에 대한 태도 등의 차원에서 일련의 교육학적 지식을 새로 창출할 예정이다.

셋째, '전문적 상호작용 요인', '전문적 리더십 요인', '전문적 모니터링 요인' 등 세 가지 요인으로 묶을 수 있는 '전문적 참여 영역(Professional Engagement Domain)'이다. '전문적 참여 영역'은 '수업 전문성(Teaching Professionalism)' 이외 한국어 교사의 '맥락 수행(Contextual Performance)'을 표상할 수 있는 실천론적 역할을 하며, 한국어 교사가 한국어 교육 연구 공동체에서 그들의 전문성을 어떻게 발전시켜 나가야 할 것인지, 공동체에 어떻게 능동적으로 기여하면 좋을지를 안내해 주고 있다. 구체적으로 살펴보자면, '전문적 상호작용 요인'은 한국어 교사가 적극적으로 한국어 교육과 관련된 활동(학술대회 등)에 참여하여 능동적으로 의사소통하고 상호작용한다는 것을 의미한다. '전문적 리더십 요인'은 한국어 교육과 관련된 활동에 참여하는 차원을 넘어 교육 연구 공동체의 사회적 · 정치적 '권한 부여(Empowerment)'를 적극적으로 촉진하며 한국어 교육의 사회적 영향력을 확장하고 한국어 교육과 관련된 활동을 조직할 수 있어야 한다는 것을 의미한다. 아울러, '전문적 모니터링 요인'은 한국어 교사가 성찰 도구, 혹은 평가 도구(체크리스트, 수행 기준 등)를 활용하여 자신의 교육학적 수행을 성찰하며 자기 평가한 후, 반복적으로 검증된 성찰의 결과를 교육 현장에 적용하여 교육학적 수행을 개선한다는 것을 뜻한다.

넷째, '영역별 지도 요인', '정보통신기술 활용 요인', '교육 자료 설계 요인', '학습자 맞춤형 조정 요인', '근거 기반의 수업 개선 요인', '교실 환경 조성 요인', '수업 상호작용 요인' 등 일곱 가지 요인으로 구성된 '전문적 실천 영역'이다. '전문적 실천 영역'은 한국어 교사의 핵심적인 '과제 수행(Task Performance)'을 구체화할 수 있는 실천론적 역할을 하며, 한국어 교사가 한국어 교육 현장에서 어떻게 수업 전문성을 발휘하는지를 설명한다. 자세히 설명하자면, '영역별 지도 요인'은 '한글 자모', '한국어 어휘', '한국어 발음' 등 다양한 영역을 지도하는 데 필요한 전문적 실천에 해당하므로 한국어 교사가 다른 교과 교사와 차별성을 두는 핵심이 된다. '정보통신기술 활용 요인'은 주로 한국어 교사가 정보통신기술의 역할, 활용에 관한 최신 동향을 파악하고 한국어 수업에 적절하게 적용하는 실천, 한국어 교육과정에서 정보통신기술의 본질적 역할, 윤리성을 고려하면서 정보통신기술의 활용을 평가하고 개선하는 실천, 한국어 교육과정, 한국어 학습자의 특성에 맞춰 적합한 정보통신기술을 선택하여 효율적으로 사용하는 실천, 정보통신기술의 사용에 대해 학습자들에게 디지털 리터러시를 안내할 수 있다는 실천을 포함한다. AI를 비롯한 '에듀테크(EduTech)'의 발달과 세계적 팬데믹으로 인해 들어선 뉴노멀 시대에는 디지털 리터러시를 비롯한 정보통신기술 활용을 한국어 교사가 교육학적 수행을 하는 데 요구되는 전문성 중 하나로 본다.

'교육 자료 설계 요인'이 한국어 교사와 교육 자료 간의 상호작용에 초점을 두는 전문적 실천이라면, '학습자 맞춤형 조정 요인'은 한국어 교사와 교육 자료 이외의 강의계획, 교육 활동, 과제 등과의 상호작용에 초점을 두는 전문적 실천이라 할 수 있다. AI 시대에는 교육 자료의 설계와 학습자 맞춤형 조정을 하는 데 AI 도구를 활용하면 효율성을 높일 수 있다. '근거 기반의 수업 개선 요인'은 한국어 교사가 객관적인 근거 자료를 바탕으로 현행의 교육학적 수행을 개선할 수 있다는 전문적 실천이다. AI 도구를 활용하면 학습자의 수요를 조사하는 데뿐만 아니라 과제 수행을 모니터링하는 데 도움이 될 것이다. 또 원래 한국어 교사가 수시로 포착하기 어려운 학습자의 표현을 AI 도구를 통해 정량적으로 정리하여 그 결과를 시각화할 수도 있다. '교실 환경 조성 요인'은 한국어 교사가 현실 교육적 공간이나 가상 현실의 교육적 공간과의 상호작용에 초점을 둔다는 전문적 실천으로 볼 수 있고 '수업 상호작용 요인'은 한국어 교사가 수업에서 학습자들과 이루어지는 다양한 형식의 의사소통과 상호작용을 의미한다(유인박, 2024).

지식, 역량에서 수행 기준을 향해

한국어 교사의 전문성 요인 구조를 밝혔는데 이러한 추

상적인 요인들을 어떻게 교사 전문성 개발 정책으로 발전시킬 것인지를 논의하기 위하여 전문성을 개념화하는 도구들을 살펴볼 필요가 있다. 학문적 사조의 흐름에 따라 외국어 교사 전문성 개념적 도구는 '지식 기반의 접근(Knowledge-Based Approach)', '역량 기반의 접근(Competency-Based Approach)', '수행 기준 기반의 접근(Performance Standard-Based Approach)'으로 점차 이행해 오고 있다.

먼저, '지식 기반의 접근'의 외국어 교사 전문성은 외국어 교사의 전문성을 지식이라는 인지적 요소로 개념화하는 것이다. 가장 대표적인 논의는 슐먼(Shulman)이 제안한 일곱 가지 교사 지식인데 구체적으로 다음과 같다. 첫째, 교사 자신의 언어학적 지식, 문화에 대한 이해를 포함하는 '내용 지식(Content Knowledge)'이다. 둘째, '교실 통제(Classroom Management)' 등을 포함하는 '일반 교육학 지식(General Pedagogic Knowledge)'이다. 셋째, 교육과정에 사용되는 교재에 관한 지식, 즉, 교육과정 지식(Curriculum Knowledge)'이다. 넷째, 외국어 교수법을 비롯한 '교육학적 내용 지식(Pedagogical-Content Knowledge)'이다. 다섯째, '학습자 특성에 관한 지식(Knowledge of Learners and Their Characteristics)'

이다. 여섯째, '교육적 맥락에 관한 지식(Knowledge of Educational Contexts)'이다. 일곱째, '교육 목표, 가치, 철학적 · 역사적 쟁점에 관한 지식(knowledge of Educational Ends, Purposes, and Values and the Philosophical and Historical Issues)'이다(김신혜, 2012). 한국어 교사 전문성에 관한 논의에서도 김준희의 연구(2006) 등에서 '지식 기반의 접근'을 통해 한국어 교사의 전문적 지식을 제안한 바 있다. 예컨대, '한국어에 관한 전문적 지식', '교육, 특히 한국어 교육에 관한 지식' 등이 있다(김준희, 2006). 물론 교사 지식을 바라보는 시점도 점차 풍성해지고 있으나 개념적 도구의 측면에서, '지식 기반의 접근'은 단지 인지적 요소만으로 외국어 교사 전문성을 표상하고 있다. 즉, 교사 전문성을 표현할 수 있는 감정 노동, 태도, 동기, 효능감 등 비인지적 요소를 간과한다. 그리고 개념적 도구의 표현 형식 측면에서, 지식은 보통 고도 추상화된 명사의 형식으로 표현되는데 교사 교육이나 교사 학습을 진행할 때, 의사소통의 효율성과 명확성에 지장이 될 수도 있다.

'역량 기반의 접근'의 외국어 교사 전문성은 외국어 교사의 전문성을 역량으로 표상하는 것이다. 매클러랜드(McClelland)는 직장에서 성공한 사람과 그렇지 못한 사람을 비교하여 성공 요인을 밝히고, 역량을 업무 성과와 관련된 광범위한 심리적 또는 행동적 특성으로 정의하였다(박상완, 2021). '교사 역량(Teacher Competences)'은 높은 교육적 성과를 창출한 교사들이 나타내는 일관된 행동 특성으로, 지식, 기술, 태도, 가치의 총체라 정의할 수 있다(박상완, 2021). 이러한 맥락에서 역량은 지식을 포괄할 수 있는 상위적 개념으로 이해할 수 있다. 한국어 교사 전문적 역량에 관한 최신의 연구인 최진훈의 논문(2024)에서는 '역량 기반의 접근'을 통해 한국어 교사의 역량을 '수업 준비 역량', '수업 운영 역량', '학급 운영 역량', '학습자 지도 역량', '공통 역량' 등 다섯 가지 영역으로 구성한 역량 모델을 제안한 바 있다. 구체적인 예시를 들자면, '수업 운영 역량'에서는 '수업 운영 역량: 교수 활동, 교수법 활용, 평가 및 피드백, 교구 활용, 의사소통'과 같은 표현으로 위계화된 역량과 하위 요소를 제시하였다. 하지만 개념적 도구 측면, '역량'이라는 개념적 도구의 태생적 한계로 교사의 복잡한 교육학적 수행을 축소하거나 간단하게 만드는 경향이 있다. 더불어 개념적 도구의 표현 형식 측면에서, '역량 기반의 접근'은 '지식 기반의 접근'과 마찬가지로 일련의 명사 키워드만으로 한국어 교사의 전문성을 추상적으로 범주화하는 시도로 볼 수 있다. 또 개념적 도구의 활용 측면에서, '역량 기반의 접근'을 통해 한국어 교사의 전문성을 표상할 수 있으나 구체적으로 한국어 교사의 전문성을 측정하고 평가하는 데 조작적 정의와 구체적 설명 등을 제시하지 못한다는 한계가 있다.

'수행 기준 기반의 접근'의 외국어 교사 전문성은 외국어 교사의 전문성을 관찰할 수 있는 수행을 구체화하여 표현하는 것이다. '교사 전문성 수행 기준(Teacher Professional Performance Standards)'이란 "교수 실천에 대한 공유된 비전을 포함하여 전문 실천가로서 교사들이 믿고, 알고, 이해하고, 할 수 있는 것을 기술한 것이다"(박상완, 2021). 유인박(2024)은 '한국어 교사 전문성 수행 기준'을 '한국어 교사의 전문성을 구현 가능하게 하는 가치 지향적 표상 체계'로 재개념화하였으며 '수행 기준 기반의 접근'에 입각하여 '한국어 교사 전문성 수행 기준' 초안을 제안한 바 있다. 일부 예시는 다음과 같이 살펴볼 수 있다.

> "한국어 교사는 한국어 교육과정에서 정보통신기술의 본질적 역할, 윤리성을 고려하면서 한국어 수업에서 정보통신기술의 활용을 평가하고 개선할 수 있다.

한국어 교사는 특정한 한국어 학습자 집단의 교육학적 특성에 맞게 한국어 교수 학습 목표를 수립하고 유연하게 조정하고 명확히 전달할 수 있다. ·교육학적 특성(예: 연령, 문화배경, 한국어 숙달도, 사전 학습 경험, 배경지식, 흥미, 인지적 특성, 학습 요구, 개인차 등)."

이처럼 개념적 도구의 측면에서 '수행 기준 기반의 접근'은 한국어 교사의 전문적 수행의 복잡성을 표현할 수 있다. 더불어 개념적 도구의 표현 형식 측면에서, '수행 기준 기반의 접근'은 명사로 진술하는 '지식'과 '역량'보다 문구로 진술하는 '수행 기준'이 상대적으로 더 구체화하고 명확해질 수 있으므로 한국어 교사가 적용할 때 쉽게 이해할 수 있다는 장점이 있다.

'수행 기준'은 맥락 의존성이 강하기 때문에, AI 시대의 특성에 맞춰 특정 한국어 교사 집단에 따른 구체적인 '한국어 교사 전문성 수행 기준'을 마련하는 것은 후속 과제로 제안할 것이다.

참고문헌

김신혜(2012). 『영어교사 교육론 이론과 적용』. 계명대학교출판부.
김준희(2006). 한국어 교사 양성 제도의 실태와 전망: 국어기본법

시행 이후를 중심으로. ≪한말연구≫, 39-67쪽.
박상완(2021). 『교사와 교사교육』. 박영스토리.
유인박(2024). 한국어 교사 전문성 요인 설정 연구: 수행 기준 기반의 인식 조사를 중심으로. 연세대학교 일반대학원 국어국문학과 한국어교육전공 박사학위논문.
최진훈(2024). 『역량모델 기반 한국어교원 교육 방안 연구』. 연세대학교 일반대학원 한국학협동과정 한국어교육전공 박사학위논문.
Hargreaves, A., & Shirley, D.(2009). *The Fourth Way: The Inspiring Future for Educational Change*. Corwin Publishers. 이찬승·홍완기 옮김(2015). 『학교교육 제4의 길 1: 학교교육 변화의 역사와 미래방향』. 21세기교육연구소.
Shulman, L. S.(1986). The Paradigms and Research Programs in the Study of Teaching: A Contemporary Perspective. In M. C. Wittrock(Eds.), *Handbook of Research on Teaching*, Macmillan.
Shulman, L. S.(1987). Knowledge and Teaching: Foundation of the New Reform. *Harvard Educational Review, 15*(2), 4~14.

유인박

연세대학교 국제학대학원 강사, 가톨릭대학교 강사로 재직 중이며 한중경제사회연구소 부연구위원을 맡고 있다. 연세대학교 한국문화·통상전공과 한국언어문화교육전공을 졸업하고 연세대학교 일반대학원 국어국문학과 한국어교육전공 "한국어 교사 전문성 요인 설정 연구"(2024)로 문학박사 학위를 받았다. 연세대학교 한국 언어·문학·문화 미래선도 글로벌인재양성 교육연구단에 참여하였고(2021~2024), 연세대학교 'Y-Scholar'(2023)로 선정되었다. 주로 '외국어 교사 전문성 수행 기준 제정', '외국어 교사 전문성 발전', '학문 목적 한국어 글쓰기 교육', '연구 방법론으로서의 체계적 문헌 고찰' 등과 연계한 주제들에 관심을 두고 연구를 수행해 왔다. 주요 논문으로 "한국어 교사 관련 연구 동향 분석"(2023), "한국어 교사 국가 기술 표준 제정을 위한 예비적 고찰"(2023), "메타의 메타: 한국어교육 분야 '지식 종합 방법'에 대한 총괄적 문헌 고찰"(2022), "뉴노멀 시대 예비 한국어교원의 원격협동능력 연구"(2021) 등이 있으며 20편의 KCI 논문을 게재하였다. 지은 책 『한국어 교육을 위한 대조 연구: 한국어와 중국어 대조』(2022, 공저)는 2023년 대한민국학술원 한국학 분야 우수학술도서로 선정되었다. 옮긴 책으로 『给孩子讲元宇宙(어린이를 위한 가상현실과 메타버스 이야기)』(2022, 공역), 『给孩子讲元宇宙: 开启未来的通行证』(2022, 공역) 등이 있다.